世界が地獄を見る時

日・米・台の連携で中華帝国を撃て

門田隆将×石平

ビジネス社

はじめに　本書ができるまで

この本ができるのは、些細なきっかけからだった。二〇一六年の秋、中国専門家たち十数人が集まった会合があった。評論家やジャーナリストなど、多彩な人たちが集まったその会の二次会の席で、私は、たまたま石平さんと門田隆将さんの議論を耳にした。

二次会はたった数人で、私は、そこで語り合われている内容に、仰天した。いままで聞いたことがないような話が、二人の間で闘わされていたのだ。

石平さんは、言わずと知れた中国生まれ中国育ちという、中国のすべてを知り尽くした評論家だ。門田隆将さんも、ノンフィクション作家として、戦争・中国・台湾を題材にして数々の作品をものにし、ご自身も、三十数年前から、中国や台湾へ足繁く通っている専門家のひとりである。

私は目の前でくり広げられている話の内容に、聴き入ってしまった。それは、いままで私が知っていた中国や台湾に対する「常識」が、すべてひっくり返されるような衝撃的な話だった。

そのとき、「この話をこのまま終わらせてはいけない」という思いがふと、頭をもたげた。

甚大な犠牲を払いながら世界が手にした「戦後秩序」を、正面から破壊する中国の論理とは何なのか。世界を征服するまで驀進《ばくしん》するのか、それとも、内部から瓦解するのか。しかし、意外にも暴走する中国を封じ込めるカギを握るのは、実は「台湾」であることが浮かび上がってきた。地政学上にとどまらず、台湾が日本と世界の生命線であることが腑に落ちて、私は目を見開かされる思いがした。

台湾が中国に呑みこまれたとき世界は「地獄を見る」のである。これまでの中国・台湾問題の論評とは一線を画した二人のスペシャリストの新たな視点による議論をお届け致します。

ビジネス社編集部　佐藤春生

第一章　暴走する中華秩序と屈辱の一〇〇年

第二章 世界がまったく理解できない中国人の論理

第三章　米国は必ず経済戦争を仕掛ける

第四章　経済大崩壊で中国瓦解の可能性

第五章　米中激突に求められる日本の覚悟

第六章　日中対立を煽った朝日新聞の罪

第七章　台湾論――なぜ日本と台湾は惹かれ合うのか

対談を終えて

第一章　暴走する中華秩序と屈辱の一〇〇年

不可思議な中国の振る舞いと「華夷《かい》秩序」

門田　今日の石平さんとの対談を、本当に楽しみにしていたんですよ。というのも、中国・四川省の成都で生まれ、勉学に励んで北京大学に進み、哲学をはじめ、さまざまなことを学んできた石平さんは、中国を研究している日本人の学者とは、まったくレベルの違う中国専門家です。日頃、私が疑問に思っていることを、今日は、いろいろお聞きしたいと思っているんです。

私自身、一九八〇年代、昭和で言えば、五〇年代の半ばから、中国には何度も何度も行っている。そこで多くの中国人と知り合ったし、今もつきあっている中国人も少なくない。その中国が、この四〇年近くで、あまりにも変貌《へんぼう》した。それは、国の内面も、外面も両方です。そして、今では、その存在自体が〝世界が抱える最大の脅威〟となってしまった。

この「異質の大国」の脅威は、日本だけにとどまらず、東アジアを超えて、世界全体に及んでいることは誰もが認めるところです。今日は、中国がそうなった「根源」に迫りたいと思っているんです。

多くの日本人、いや世界中の人々が不思議に思っているのは、中国がなぜ、これほどあからさまに、国際秩序を無視し、傲岸不遜《ごうがんふそん》な振る舞いをするようになったのか、ということです。そして、あれほどの莫大な犠牲を払った末に誕生した「戦後秩序」を破壊し、なぜ、新たな覇権を求めようとするのか、という根本的な疑問です。いまやっている中国の行動は、日本人には到底、理解できないことですよね。その謎を究明するところから、まず話を進めていきたいですね。

石平　私も、今日の対談を楽しみにしていました。門田さんがおっしゃるとおり、中国の行動は、いまの国際社会、文明社会のどのような基準に照らしても不思議というか、異常なものです。ところが、おそらく中国人のとりわけエリートは、そうした行動を不思議にも思っていないし、むしろ当然だと思っているんです。

門田　では、まず、そこから解明していきましょう。

中国の皇帝が世界のトップに立つのが理想

石平　そもそも彼らからすれば、国際秩序とはなんだったのか、という思いが根底にあるんです。ひとつには、近代以前はきちんとした国際秩序が存在していたというのが彼らの理解です。それは、彼らの正義に適《かな》った秩序だった。

それが、「華夷秩序」です。それを理解できなければ、中国人の、とりわけ、エリートたちの考えや行動はわかりません。

門田 私は、その「華夷《かい》秩序」を理解しなければ、中国に対する対策も、つきあい方も日本人には「永遠にわからない」と思っています。

石平 華夷秩序というのは、歴史上、厳然と存在していました。特にアジアにおいて、中国を中心として周辺の国々が中国に朝貢《ちょうこう》する、つまり、中国に従うことで秩序が保たれていた時代があったわけです。

しかも中国人の理解では、中華秩序、華夷秩序こそが〝本物〟の理想的な秩序にほかならなかった。つまり、中華文明の頂点に立つ中国の皇帝が〝すべてのトップ〟に立つのが華夷秩序であり、理想なのです。

その当時は、周辺の野蛮民族のトップたちは、中華皇帝が示す道徳、正義に感化されて、服従を誓っていた、と見ているわけです。華夷秩序の頂点に立つ中華帝国は、決して力で周辺民族を征服したとは考えていない。中華帝国は、中華帝国の文化文明の素晴らしさをもって、周辺の野蛮人たちを正しい方向へと導いた。むしろ華夷秩序に入ることが賢明で、幸せをもたらすと考えていた。まず、これがひとつの前提なんです。

門田　これは、中華思想を形成する中華民族の基本的な考え方ですが、ここを理解できなければ、今の中国の行動を正確にとらえることができないというのは、私も非常によくわかります。なぜなら、習近平《しゅうきんぺい》が掲げた「中華民族の偉大なる復興」とは、まさにそのことを指していますからね。中国人、とりわけ、エリートたちが心の底に持っている「華夷秩序」への思いを、まず知っておくべきですね。

帝国主義一〇〇年の悲劇をまたくり返すのか

石平　そのとおりです。そして、これには、もうひとつ前提があります。それは、近代になってから、西洋列強が力によって、華夷秩序という理想の世界を破壊した、とする考えです。アヘン戦争（一八四〇～一八四二年）などによって、中国をさんざん苛めた西洋列強は、中国のかつての朝貢国や周辺の国々を植民地化してしまったわけです。最後は、大日本帝国が出てきて、沖縄を中国から切り離し、朝鮮を独立させ、華夷秩序を完全に破壊してしまったのです。

中国の秩序の概念からすれば、破壊された秩序は、いまでも正されていない。現代の秩序とは、結局は、西洋列強の帝国主義の結果であると中国は認識しているわけです。

順序立てていうと、まず大英帝国が華夷秩序を破壊し始めた。次いで、西欧列強がそれに続いた。しかも、最後に来た大日本帝国は、力で華夷秩序に致命的な一撃を与え、完全に崩壊させてしまった。そして、ようやく大日本帝国が沈んだと思ったら、今度は米国の帝国主義がアジアで幅を利かせ、アジアの覇権を握った。つまり、アジアは米国の覇権下におかれた。それも中国にしてみれば、米国帝国主義の「力のなせる業《わざ》」なのです。

力があったときは、米国はどこへでも侵略しに行ったではないか、というのが中国の戦後世界史の解釈です。したがって、たとえば、朝鮮戦争も米国の侵略となるわけです。われわれの解釈では、朝鮮戦争はどう考えても金日成《キムイルソン》が勝手に戦争を起こしたものであり、国連軍が大韓民国を守るかたちで、参戦したと見ます。

ところが、中国の解釈では、米国の侵略軍が朝鮮半島を踏みにじったことになるのです。米国侵略軍は、また、ベトナムも踏みにじり、イラクも踏みにじった。中国の教育では、米国が参加した戦争はすべて侵略戦争だと教えられているのです。そして昨今、米国はとうとう侵略戦争を続ける余力がなくなったわけです。中国は、そう見ているし、国民に教えているのです。

そうなると理論的な帰結として、中国がこれからやることは、近代以降、西洋列強帝国主義によって、西洋あるいは米国から押しつけられた秩序を破壊するのはむしろ正義であり、当然である、ということになります。つまり、これを破壊したうえで、中国本来の意味での理想的な秩序を取り戻す。経済の意味においても、政治の意味においても、もう一度、華夷秩序をつくり上げるのが、中国の歩むべき道なのだ、ということです。

門田　わかりやすい話ですが、問題は、そこなんです。それは、すなわち中国が言う「一〇〇年の屈辱」を晴らすということですよね。それは、一〇〇年前の秩序に戻すということです。私は、世界中が中国に抱いている違和感、不可思議さこそ、そこにあると考えています。

石平　というと？

門田　それは、この一〇〇年で世界が経験した悲劇の大きさを考えればわかります。中国にかぎらず、世界中で、この一〇〇年間、ふたつの世界大戦を含め、多くの戦争でいったい、どれだけの犠牲者が出たか、ということです。第一次世界大戦でおよそ一七六〇万人、第二次世界大戦では、実におよそ六二〇〇万人もの死者、行方不明者が出ています。日本では、都市という都市が焼き払われ、広島と長崎には、人類が経験したことがない原子爆弾まで、女、子供の頭上に投下されました。それほどの犠牲者を出して、やっと戦後秩序というものが始まったわけです。

私は、日本、ドイツ、イタリアという枢軸国が敗れ、連合国軍があらためて国際連合をつくり、多くの犠牲を払った末に得た教訓が生かされ、戦後秩序がスタートしたことは、多くの国と国民が支持したと思う。今の秩序は、その延長線上にあります。

しかし、その戦後七〇年が経った時、それに真っ向から挑戦する国が出てきた。それが、中国です。そこには、「俺たちは力がついてきたんだから、何をやってもいいんだ」「これから、俺たちは中華民族の偉大なる復興を遂げるんだから、誰にも文句はつけさせない」という、実に傲慢で、前近代的な〝帝国主義〟的な匂《にお》いを感じ取ってしまいますね。

石平　しかし、中国の論理は違います。近代以降、転落した中国は、さんざん屈辱を味わってきました。中国はまだその一〇〇年の屈辱を晴らしてはいない、というのが中国の、特にエリートたちの考え方なんです。ここにきて、ようやく中国の国力、軍事力は近代の転落から回復した。もはや米国と互角に渡り合うこともできる。だから、いまこそ、正しい秩序を取り戻す時期である、その時代が到来したと、中国は信じて疑わないのです。

「ついに米国をアジアから追い出す時がきた」

門田　その論理が、すごいところですよね。先の戦争で枢軸国は敗れ、蔣介石《しょうかいせき》が率いる中華民国は、戦勝国となりました。第二次世界大戦を戦い抜いたアメリカ、イギリス、ソ連と並ぶ四大国のひとつだったわけです。これにフランスを加えて、国連安全保障理事会の常任理事国として、つまり、国連を主導する大国として、中華民国は、名前を連ねました。

しかし、四年にわたる国共内戦で勝利したのは、毛沢東《もうたくとう》率いる中国共産党であり、一九四九年十月に中華人民共和国（以下、中国）が誕生した。すると、内戦に敗れた国民党は台湾に逃れ、ここを支配して、国連で確固たる地位を築いたわけです。

もっとも、一九七一年に中華人民共和国の国連加入を認めるアルバニア決議（第二七五八号決議）が採択されると、中華民国はこれを不服として国連を脱退。中国は、中華民国と代わる形で、国際秩序をつかさどる安保理常任理事国の座に就くのです。

周知のように、列強の帝国主義時代が終わりを告げたことを受けて、世界は戦後の国際秩序の構築を目指しました。東西冷戦がありながらも、基本的には力による現状変更、要するに領地や領海を奪いにいく「侵略」は許されない土壌ができた。ところが、あろうことか、国連常任理事国の中国が、二十一世紀を迎えて、おおっぴらに現状変更に乗り出してきた。それが許される、と思っているところが驚きなんです。この中国の考え方は、当時の大日本帝国の領土拡大の論理とも似かよっていて、大東亜共栄圏、さらには満蒙《まんもう》開拓の意識が二十一世紀のいまにも存在しているかのようです。

石平　似ているというよりも、中国からすれば、日本ごときが大東亜共栄圏をつくろうとは、身のほど知らずも甚だしい、それは本来、中国がおこなうべきことである、ということでしょう。近代以来、なにかの間違いで、中国は転落してしまった。中国にとって替わって、日本を中心とした華夷秩序ならぬ「倭《わい》夷秩序」など、とんでもないことであって、失敗に終わったのは当然の帰結だ、と中国のエリートは考えています。

大日本帝国が滅びてから、冷戦時代も含めて、ずっとアジアの海を支配してきたのは米国でした。中華人民共和国の歴史とは、実は米国との戦いの歴史なのです。中国にしてみれば、朝鮮戦争で米国と戦い、ベトナム戦争を経て、いまや、ようやく米国と対等の立場になった。言葉を換えれば、米国をアジアから追い出す時期が到来したのです。

門田　世界が多くの犠牲を払い、これだけさまざまな情報や多様化した価値観を包含しながら、やっとできあがってきたのが、いまの国際秩序です。国際社会が、人々の命を守り、秩序を守り、人権を守っていこう、という「普遍的正義」にやっとたどりついたわけです。基本的には、世界各国それぞれが、率先してそれを守ってきた。そのなかで、中国は拒否権を持つ安保理事国として、国際秩序のなかで、大きな特権とともに有利な地位を占めています。それにもかかわらず、国際秩序など欧米が押しつけたものにすぎないと考え、華夷秩序を主張する神経は、ほかのどの国にも理解されません。

中国にかかれば、人類の英知ともいえる国際司法裁判所の判断や海洋法の条文も「紙くず」に過ぎません。俺たちは力をつけたのだから、そんなものには従わない、と平気で踏みにじる。しかも、そうした見解を中国のほとんどの人が持っています。私の長年の友人で知識階層の人間も、まったく同じ意見なんです。そこが、驚きなのです。

国際秩序よりも他国を侵略する「生存空間」の拡大が至上命題

石平　日本人には決して理解できないでしょうが、どうしても言っておかなければならないことがあります。それは「生存空間」の話です。これは、中国のエリートたちに、非常に根強い考えかたで、民族が生存していくうえで、ひとつの空間が必要である、それは国土、水、空気、海など全部含めての「生存空間だ」というものです。

エリートたちは、いまの中国は生存空間の危機に陥っていると思っています。人口の膨張により、中国の伝統的な国土だけでは、いまの中国人民を養うのは物理的に不可能だととらえている。

実際に中国は、清《しん》王朝まで人口四億人を超えたことはなかったんです。四億人を超えたのは乾隆《けんりゅう》帝（一七三五～一七九六年）の時代で、康熙《こうき》帝（一六六二～一七二二年）以前は一億人を超えたことはなかった。漢《かん》から明《みん》まで一億人を超えなかったのに、いまは一三億人もいる。しかも、そのプロセスにおいて、漢民族の生存空間は限られており、決定的に不足していた。だから、チベットも、新疆《しんきょう》ウイグルも占領した。しかし、それでも「足りない」のです。

水にしても、土地にしても、全面的に足りない。そのうえ中国は環境問題が深刻で汚染が急拡大、水が徹底的に不足している。その解決のためには、漢民族が生きていくための生存空間そのものを拡大しなければならない。それは彼らにすれば、正義とか戦後秩序といった観念とは関係なく、民族が生き残るための生存本能がそうさせているというのです。

民族の生存本能から生存空間を拡大する。拡大するためには、力の論理もクソもない。私に言わせれば、生存空間を拡大することが至上命題であって、正しい秩序の回復という大義名分をそのうえに被せているにすぎないのです。

門田　恐ろしいまでの自己中心的な論理ですよね。地球全体で七〇億人超の人口のうち、中国は一三億七〇〇〇万人、インドは一二億九〇〇〇万人です。このふたつの国が総中流化を果たしたら、地球資源の枯渇、環境破壊をはじめ、あらゆる意味で、世界のバランスが崩れてしまうことがわかっていました。中国はまだ総中流化しているわけではないですが、周知のとおり、すでに一部の中流層が世界中で「爆買い」するほどのものすごいパワーを発揮しています。

私が最初に中国に行った一九八〇年代初頭には、朝靄《あさもや》のなか、自転車の大群がグワーッと移動する北京は、独特の情緒を醸し出していました。九〇年代半ばから中流化が進み、二〇〇〇年代に入ると、そのスピードを増しましたね。あまり食べることができなかった牛肉もびっくりするほど食べられるようになり、魚にしても、沿岸に住む人たちが海鮮料理を食べる文化はあったけれど、刺身などを食べる人は、内陸では、ほとんどいなかった。そもそも冷凍する機械がなかったですからね。

中国が豊かになるにつれ、一部階層の中流化が進むにつれ、牛肉やマグロなどの消費が劇的に増えていきました。それまでの資源量では、到底、足りなくなってしまったわけです。中国人が「生存空間」を拡大していくなかで、それは当然の現象だったと思います。かつての日本が満蒙開拓に入ったような意識を、一〇〇年遅れて中国が持ち、いま、生存空間を広げる戦略、いわゆる「力の戦略」を前面に押し出してきているのも、必然の流れです。

中国の場合、石平さんの説明どおり、「いままで自分たちはやられっぱなしだったから、今度は好きに振る舞ってもいいのだ。自分たちはこれからどんどん生存空間を広げていくのだ」と、己の都合しか念頭にないように見えます。

過剰生産能力問題の解決手段だった「一帯一路」構想

石平　現実に彼らがおこなっている帝国主義政策、たとえば、経済面では「一帯一路」という構想があります。ユーラシア大陸とアフリカ大陸を巻き込んで、陸路・海路の両方から中国がインフラ投資プロジェクトを進めていくというものです。

なぜ、中国はこのような構想を建てなければならなかったのか。中国は国内消費が徹底的に不足しているなか、つまり需要がないのに、供給である生産能力、設備投資を膨張させて、経済成長を支えてきたわけです。その膨張の度が過ぎていた。

たとえば、鉄鋼産業。現在の鉄鋼の年間生産能力は、設備をフル回転すると世界全体で二三億トン。実はそのうちの一一・九億トンが中国で、半分以上を占めています。しかし、現実には、中国国内ではもう完全に、生産過剰になっている。国内の鉄鋼需要は二〇一五年でせいぜい七億トン程度しかなく、二〇一六年に需要がさらに減った（前年比マイナス一・〇%。一七年度はマイナス二・〇%見込み。日経新聞十月十一日）のは誰の目にも明らかです。

中国政府としては、余った半分以上の生産能力を削減したいところですが、そうすればこれまでの投資が無駄になるのみならず、大量の労働者の解雇にも繋がってしまいます。

そこで、中国政府はこの問題の解決を中国主導の海外プロジェクトに求めました。過剰生産能力、過剰在庫を外に向けて活用する以外にはない、と考えたのです。新興国で鉄道、港湾、道路敷設《ふせつ》プロジェクトをおこなっていけば、過剰生産能力問題はおさまり、国内に膨大に溜まった余剰鉄鋼や原材料は新興国に輸出することで、はけてしまうではないか。海外プロジェクトには中国国内で職にあぶれた労働者を大量に送り付ければいい。まことに中国にとって都合のいい一方的な考えです。

反対に、中国が生存空間を拡大するなかにおいて、必要な資源は決定的に〝足りない〟という現実が横たわっています。東シナ海や南シナ海のマグロを食べ尽くすくらいならまだ可愛いが、中国の総中流化がスピードアップして、一家に一台の車を持つようになれば、圧倒的に資源が足りない。したがって、中国は世界中の資源を確保しなければならないわけです。そのためにシベリアに進出したり、アフリカに進出したりしているのです。

中国政府といえども、こうした中国一三億人（中産階級約一億人強）の生存空間拡大の圧力、つまり、マグマのように膨張してきた自然圧力の前では抵抗不可能なのです。そして、生存空間拡大にともなう資源確保を実現するためには、言うまでもなく、世界軍事戦略が不可欠となるわけです。

一人っ子政策で余剰男性三四〇〇万人

石平　この問題をさらに突っ込んで言うと、かつてない過剰人口を抱えてしまった中国は、人口増加を抑える目的で、毛沢東時代の後期から、一人っ子政策を敷いた。その弊害が出ています。この政策は、ある程度は奏功しました。もし一人っ子政策を採らなかったら、現在の中国の人口は一六億から一七億人に達していたという試算もあるほどです。

しかし、その結果、もたらされたのは、「余剰男性」問題でした。一人っ子政策が敷かれているなかにおいては、妊娠した胎児が女とわかれば、堕胎するケースが圧倒的に多く、この三〇年間で男女比率がきわめて〝いびつ〟になってしまったのです。現在では、三四〇〇万人も男性が上回っており、これは台湾の総人口の一・五倍に達します。

中国人男性にとっては悲劇としかいいようがなく、国内では結婚相手が容易に見つからなくなっているわけです。われわれは中国人に帝国主義の思想を捨ててくれと思っているが、冗談ではなく、結婚相手のいない中国人男性にしてみれば、国が版図を拡大し、他国を跪《ひざまず》かせることができれば、それにともない外国人の花嫁を獲得するチャンスは広がるのです。

門田　それはまた切実な話ですね。しかし、それが生存空間拡大につながってくるとは、二十一世紀の高度に成熟した国際社会では受け入れられるはずがない恐ろしい話ですね。

華夷秩序に加わった「海洋」という概念

石平　もうひとつの新しい要素が「海洋」です。昔の華夷秩序には、海洋は視野に入ってなかった。昔の中華帝国は海にあまり関心がなく、ほとんど海から外に出ていくことはなかったからです。

ところが、中華帝国は海の重要性を西洋列強から教えられた。大英帝国は海から攻め込んできたが、中華帝国は国防の危機が海から迫ってくることを想定していなかった。それが証拠に、清王朝まで海軍はなかったのです。

大日本帝国も海から渡ってきた。中国が台湾を併合できない唯一の理由もまた、海の備えが脆弱《ぜいじゃく》で、米国太平洋艦隊に完璧《かんぺき》に首根っこを押さえつけられていたからです。

つまり、中国の生存空間の拡大には、今後は必ず「海」という要素が不可欠となってきたのです。それも中国の海を確保するのではなくて、アジアにおいて海を支配しなければ、中華帝国の復活も華夷秩序の再建もならないし、中国は本当に強くはなれないわけです。

いにしえの正しい秩序の再建。その本当の目的は、生存空間の拡大であり、これには陸地だけでなくて、海洋という概念を取り入れなければならなかった。いま、中国が全面的に海洋権益を拡張している意味はそこにあるんです。

門田　興味深いですね。

世界観のすべてが「力の論理」と「被害者意識」

石平　もちろん、華夷秩序を絶対視していない中国人もいます。しかし、そういう人は中国の体制のなかでは生きていけない。石平のようにはみ出してしまった人間は、外へ出るしかないんですよ。

門田さんが指摘したような、国際社会の犠牲の歴史など、中国の主流の人間たちからすればまったく関係ないことです。なぜなら、近代以来、国際社会が中国に対して正義を与えたことは一度もない、というのが彼らの歴史認識です。

かつての中国こそが、力の国家の対極にあって、〝徳〟の王朝を自任していた。むしろ西洋が力の論理を一方的にアジアに持ち込んできたのではなかったか。

中国にしてみれば、いまの国際社会も、国連にしても、最後はすべて力の論理でしかない。力の論理に収斂《しゅうれん》する。これが中国の認識です。近代以来、日本は過《あやま》ちを犯し、英国も過ちを犯した。だから反省をして、みんな知恵を出し合って、今後はそうならないように新しい秩序をつくり上げた。

しかし、中国はそうとらえていない。現在に至るまで力が支配するというのが世界の論理である、と見る。国連といえども、米国の力がなければ成り立たないではないか、と。

南シナ海における国際裁判所の話にしても、われわれが判定を受け入れるのは当然でも、中国からすれば、判定自体が大国の陰謀であると解釈する。要するに初めから世界観がまったく違うのです。私は、それはすべて中国の被害者意識に起因するのだと思っています。

自国のアジア支配の歴史には目もくれず被害者ヅラ

門田　しかし、中国が自分たちに力の支配を教えたのは西洋列強とするのは、ずうずうしいほどの都合のいい抗弁ですよね。文明や徳の王朝で朝貢国を統治したというけれど、その背景に武力があったのはいうまでもない。歴史上、力による支配をずっとやり続けていたのは中国のほうです。そこには目を向けずに、いまは被害者ヅラをしている。冷静にみれば、中国が他のアジア諸国にしてきたことを、今度は西洋にやられたにすぎません。

他のアジア諸国は中国とは事情がまったく違います。戦後の国際秩序が成り立っていく過程で、欧米の植民地であったアジア・アフリカ諸国が続々と解放されていった。これは、アジア各国を植民地にした西欧の強国を、大東亜共栄圏を掲げて一時的とはいえ、日本が駆逐したことによって、成し遂げられたものでもあります。

一九五五年のバンドン会議（アジア・アフリカ会議）では、東西両陣営に属さない第三勢力の反植民地主義と平和共存が主張されました。このような歴史的経緯のなかで、国際秩序は構築されていったわけです。

中国にしても、悲劇の二十世紀を乗り越えた戦後秩序の恩恵を受けている。現に約束どおり、九九年の租借を経て、英国から香港を取り戻すことができたのは、そのひとつです。力の論理というが、超大国の米国でさえ国際間の取り決めを極力重視し、露骨な力による現状変更はやらない。オバマ政権以前の米国は世界の警察官を自任し、中東はか、幾度か戦争もしたが、さすがにどこかを占領する、などという意志はなかった。

ところが、中国だけは中華思想、石平さんのおっしゃる華夷秩序の回復のために、二十一世紀になったいまも、強者はやりたい放題できるんだ、と言わんばかりに振る舞っている。このままでは間違いなく国際秩序を破壊することになり、それは、やがて決定的な国際紛争を引き起こすことになる。つまり、全世界に向かっての武力闘争です。この意識がすごいというか、恐ろしい。そして、そういう中国について、いつまで経っても無知であり続ける日本人が、私には恐ろしいんです。

中国が強くなったから英国は「香港を返した」と解釈

石平　門田さんの意見は、中国にはまったく受け入れられません。中国は、国際秩序の破壊などと批判されても、意に介さないのです。なぜなら、中国に言わせれば、国際秩序など西洋列強が押しつけた〝不正義〟にすぎず、結局は力の論理であることをわかっているからです。
たとえば香港返還にしても、中国は決して英国が国際条約を遵守して香港を返したとは捉えていない。中国が強くなったから、英国は香港を返還せざるを得なくなったと解釈していています。反対に、台湾がいまだに中国の一部になっていないことは、中国にはまだそれだけの力がないのだと考えています。

あるいは、日本との関係もそうです。国交回復後の数十年間、国力が脆弱《ぜいじゃく》であった中国は日本に近代化の支援を求めました。日本が援助の手を差し伸べたお蔭で、中国は強くなった。するとにわかに中国は、日本に対し居丈高になった。裏切られたというのが恐らく多くの日本人の考えでしょう。

けれども、中国人は違う。反中感情の高まりにしても、強くなった中国を日本人が怖れているにすぎないと捉えているんです。だから、安倍政権は中国とことごとく対立するのだ、と。一言に集約すれば、中国は中国をとりまくすべての情勢に対し、これらの変化は、自分たちが強くなったからだと理解しているんです。

日本の援助など中国に与えた被害の一〇〇分の一も満たしていない

門田　実は、私が長年つきあってきた中国人の友人、難易度のきわめて高い名門の大学を出たインテリ層の中国人ですら、いま石平さんが言った論理を、そのままぶつけてくるんです。だから、中国人の本音と論理は、まさにそこにあることを感じます。そのたびにその友人とも議論をするんですが、きわめて単純で、傲慢なその思考法について、私は指摘をするんです。まず、私自身が見てきた呆《あき》れるような事実です。たとえば、日本のODAや技術援助に対する中国の扱いと態度について、です。

一九七九年から対中ODAは、有償、無償をあわせると、実に三兆六〇〇〇億円もありますが、その前から中国が経済発展をできる土台をつくるために、日本はインフラ整備に力を注いできました。いちばん、わかりやすいのが、良質な鉄鋼を生産できるよう、新日鉄など、さまざまな鉄鋼企業が惜しみなく、技術移転をおこないました。中国の産業の基礎を築くために、それこそ、多くの日本の経済人や技術者が一生懸命、中国に協力し、援助をおこなってきたことを私は知っています。

その結果、中国は、だんだん強くなっていきました。しかし、強くなったら、今度は「日本は、けしからん」「おまえたちは絶対に許さん」と、突如、言い始めるわけです。そこには、それまでの支援、協力に対する感謝などは、微塵《みじん》もない。日本のODAや、さまざまな経済協力でつくられたものにも、そのことを知らせる表示を見ることはほとんどありません。やっと見つけても、わざわざ人に読まれないように、人が通る側と反対側にひっそりと裏向きに表示されているんです。つまり、日本からの協力によってできたものは、人民に「知らせない」ようにしてあるのです。

石平　中国にしてみれば、まず第一に、日本は国交回復のあとで、中国に対してＯＤＡはじめ、さまざまな援助をしてきたが、それらは日本が侵略戦争で中国に与えた被害の一〇〇分の一も満たしていない、ということなのです。要するに、少なすぎて、償いにはなっていないととらえている。

もうひとつ――これは、日本人は心しておいたほうがいいが――中国の人たちは、日本に援助されて中国が強くなったのではなく、自分たちは改革開放政策で強くなったのだ、と心の底から信じている。あるいは強くなったのは、中国の本来ある姿を取り戻したからである、と。つまり、ここにも本来の中国は強かったのだという気持ちが意識の深奥に横たわっている。この意識が、すべての反対意見を排しても、中国は屈辱の一〇〇年を晴らすために、力で対抗していくしかないとする論理に連結してくるのです。日本人は、その中国人の考え方を見誤ってはいけません。

天皇陛下へ非常識な態度をとった江沢民

門田　石平さんがいま解説した中国の論理には、日本人だけでなく、世界中が衝撃を受けるでしょうね。くり返しますが、二十一世紀を迎えるまでに、世界はあれだけの悲劇を経験してきました。その末に、知恵を出し合って、世の中がお互いを尊重し合い、領地・領海の取り合い、殺し合いは止めようということで、一応の国際間の秩序が成り立っているのです。

しかし、いま、「いや、中国は力をつけてきたので、数世紀前の秩序を取り戻すのは当然なのだ」という思考で、力による露骨な現状変更をおこない始めた。これは、世界の国々のどこの理解も得られないと思います。

中国の非常識ぶりを日本人が垣間見たのは、一九九八年十一月に来日した江沢民《こうたくみん》国家主席を歓迎する宮中晩餐《ばんさん》会です。豊明殿で開かれたこの晩餐会で、天皇陛下が「貴国とわが国が今後とも互いに手を携えて、直面する課題の解決に力を尽くし、世界平和のため、貢献できる存在であり続けていくことを切に希望しています」と、歓迎の辞を述べられました。これに対して、中山服（人民服のこと）という平服姿で出席した江沢民は、「日本軍国主義は、中国人民とアジアの他の国々の人民に大きな災難をもたらし、日本人民も深くその害を受けました。〝前事を忘れず、後事の戒めとする〟と言います。われわれは痛ましい歴史の教訓を永遠にくみ取らなければならない」という挨拶《あいさつ》を返したのです。

私は、映像を見ながら仰天してしまいました。天皇皇后両陛下が心をこめて歓待しているその場で、「俺たちは、おまえの親父たちにひどい目に遭ったんだぞ。そのことを忘れるな」という挨拶を返したわけです。それ以前から、中国の態度の変化は、多くの日本人が感じていましたが、これは、決定的でした。一九九二年に訪中した陛下は、「わが国が中国国民に対して多大な苦難を与えた不幸な一時期がありました。これは私の深く悲しみとするところであります」という心からのお詫《わ》びを中国人民に伝えています。しかし、中国の日本への露骨な罵《ののし》りは、この頃から顕著になっていきました。中国が急速な経済発展を遂げる途中の九〇年代後半になっていましたが、私は、宮中晩餐会での江沢民の挨拶をこの耳で聞いて、「ああ、これは八〇年代の中国とは、まったく異なる国になった」と思いましたね。

その時点で、中国人の華夷秩序への過剰な意識について指摘しなければならなかったのですが、残念ながら、そこまではできませんでした。しかし、今の中国は露骨です。石平さんの言うように、そのことを隠そうともしない。なぜ、そうなったのか、そこを訊《き》きたいんです。

中華思想が「唯一の宗教」という異常

石平　あるとき、中国の文化人でもある解放軍の要人が、人民日報に論文を掲載したことがありました。彼いわく、中国の漢民族は西洋のキリスト教のような本物の宗教を持たない。中国人にとっての唯一の宗教は民族宗教、つまりナショナリズムであり、中華思想なのである、と。中国人の根本にあるのが、彼が言うとおり、中華思想なのです。

もうひとつ、門田さんが強調するように、「悲惨な歴史の教訓から中国は何も学ばないのか」という疑問に対する答えは、「もちろん、学びましたよ」ということです。しかし、その中身は、門田さんが思うような結論ではないんです。それは、「むろん中国も学んだ。何をか？　強くなければやられる、ということだ」というわけです。それは、逆に言えば、「強くなれば、何をやっても許される」と、いうことなんです。

門田　いまの石平さんの言葉こそ、多くの日本人に知ってほしいですね。いまでも、日本には、親中派、媚中派《びちゅう》……等々、呼び名こそ違いますが、たくさんの中国「信奉派」がいます。テレビや新聞といったメディアには、むしろ、いまだにそっちの勢力のほうが多く、中国のことを現実視、客観視できないまま、日本の安倍政権側の対中政策が批判されている。中国の実態を知れば、いまの日本が取っている対中包囲網外交の意味がわかるはずです。しかし、中国に対する淡い期待というか、幻想がいまだに日本のマスコミを支配していることが、私には不思議だし、怖いですよ。

石平　中国の言い分とは、要するに、自分たちが弱かったとき、さんざん苛められた。それを体験したのはあなたたちではなく、自分たちのほうだ。だからわれわれは、こうして強くなった。二度と悲惨な体験をしないために強くなったのだ。そして、強くなったいま、本来、自分たちのものであったものを取り戻さなければならない。それだけです。

そう言えば、門田さんは、中国は、かつての帝国主義国がおこない、失敗して手痛い目に遭った同じ愚かなことをまたくり返すことになる、と苦言を呈するでしょう。だが、それは世界が思っているだけで、中国はそうは思っていないんです。失ったものを〝取り戻す〟だけなので、何も悪いことではない。それが、中国の論理です。

門田　中国にインテリが数多くいるのは言わずもがなだけれど、さっきも言ったように、インテリの人たちと話しても、いま石平さんが説明した論理を掲げてくることが多いんです。高等教育を受けていない一般の人たちがそうした論理を展開するのならまだわかるんですが、この論理が上から下まで一貫しているんですよね。

石平　門田さん、だから、「宗教」なんですよ。

なぜ欧米の中国専門家たちは中国に騙されたのか

門田　二〇一六年十二月二十五日、中国の空母「遼寧《りょうねい》」が初めて第一列島線を突破して西太平洋に出ました。そして、そのまま、台湾をぐるりと廻って帰っていくという大デモンストレーションをおこないました。台湾では、空軍がいつでもスクランブル（緊急発進）できるように、極度の緊張状態にありました。遼寧は、もともと海上のカジノに仕立てるというふれこみで中国がウクライナから買い受けたものですが、これを軍事用に整備し、ついに第一列島線を突破する訓練をおこなうようにまでなった。いわば、中国人民の〝愛国の象徴〟というべきものです。

いま中国は、南シナ海で、他国の領土に軍事基地を建設するという大変なことをやっています。しかし、さかのぼれば、一九四九年の中華人民共和国建国以来の歴史というのは、建国直後のチベット、ウイグルへの侵攻をはじめ、中印《ちゅういん》戦争（一九六二年）、中ソ国境紛争（ダマンスキー島事件　一九六九年）、ベトナムへの侵攻による中越《ちゅうえつ》戦争（一九七九年）、

中国の対米軍事防衛ライン

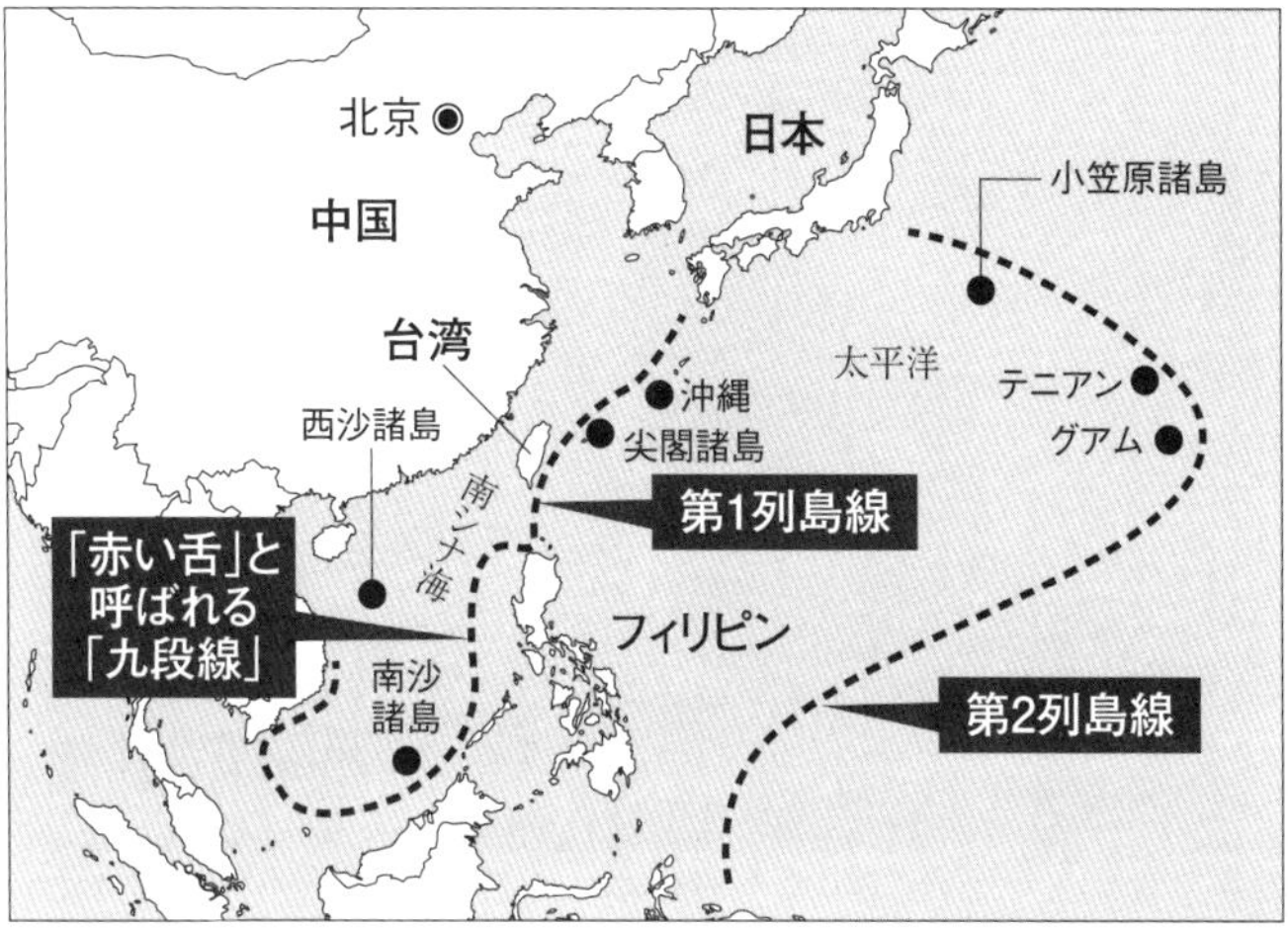

第二次中越戦争（一九八四年）……等々、きりがありません。現在、やっているベトナムとの西沙《せいさ》諸島（パラセル諸島）の領有権紛争や、フィリピンの排他的経済水域である南シナ海の南沙《なんさ》諸島（スプラトリー諸島）の埋め立てなど、こうした国際秩序に反する行為は、建国以来、ずっと、くり返してきたものです。

そうした中国の振る舞いについて、われわれ日本人は、かねがね不思議に思ってきました。それは、実は、アメリカの中国専門家のあいだでも、同じでした。しかし、ここへ来て、アメリカでは、国防総省顧問で対中分析官だったマイケル・ピルズベリーの『China2049』（日経ＢＰ社　原題『The

ベストセラー『China2049』を書いたマイケル・ピルズベリー
©ZUMAPRESS/amanaimages

Hundred-Year Marathon : China's Secret Strategy to Replace America as the Global Superpower』)、また、カリフォルニア大学のピーター・ナヴァロ教授による『米中もし戦わば』（文藝春秋　原題『(Crouching Tiger: What China's Militarism Means for the World』）という二冊の話題の書が発刊されました。

　この二冊に共通しているのは、まさに石平さんが言う中国の失地回復主義のことが詳細に書かれていることです。屈辱の一〇〇年を耐えてきた中国は、中華人民共和国建国以来の一〇〇年、すなわち二〇四九年までに、それを達成することに向かって驀《ばく》進《しん》している。アメリカの中国専門家も、「自

米中激突のカギを握るピーター・ナヴァロ　©ZUMAPRESS/amanaimages

分たちの力がついてきたら、失地回復をおこなっていいのだ。古代からの中国の領土を取り戻しにいく」という意識を中国が明確に持っていることに、やっと気づいたのです。

マイケル・ピルズベリー氏は、中国は、自分たちと同じような考え方の指導者が導いていて、脆弱な中国を助ければ、民主的で平和的な大国となることを信じていたことを告白しています。間違っても、中国が地域支配、ましてや世界支配を目論んだりはしない、ということを中国分析官として信じ込んでいたそうです。しかし、この『China2049』のなかでは、「しかし、こうした仮説は、すべて危険なまでに間違っていた」と誤りを認め、懺悔《ざんげ》しています。石平さんには、もちろん、そのことがわかっていたわけですが、世界がそれにやっと気づいてきたことは大きいですよね。

石平 私にしてみれば、なぜ、いままで気がつかなかったのか、ということですが……。

米国とフィリピンを唖然とさせた南シナ海での強引な手口

門田 二〇一二年、中国はフィリピンが実効支配していたルソン島から約二〇〇キロにあるスカボロー礁を奪取しました。その手口は狡猾《こうかつ》、かつ強引なものでした。まずは漁船を漁に行かせ、そこにフィリピン艦艇が取り締まりにきたところに、中国の海警が割り込むというものです。漁民の保護を名目に、ここで〝にらみ合い〟に持ち込むわけです。

そこからがすごい。フィリピンの要請で仲裁に入った米国が両者に撤退を促し、フィリピンは撤退するが、中国は動かない。中国は、頑として聞かないのです。それどころか、その場所から、二四キロ以内は漁業禁止にするということを勝手に宣言するのです。これには、さすがに、当事国のフィリピンだけでなく、アメリカも唖然《あぜん》とします。しかし、これこそが中国の作戦であり、武力を盾に岩礁を分捕り、埋め立てを始めるわけです。中国は、そのパターンを七ヵ所でくり返してきました。まさに、やりたい放題ですね。

国連の安全保障理事国という、本来は世界をリードし、尊敬を集めるべき立場なのに、中国は、二〇一二年あたりから、勝手に決めた九段線を根拠として、つまり、南シナ海の九割は中国のものだという主張をしている。

それは違う、おかしいと国際社会が指摘をすると、中国側は、かつての米国も日本も同じことをおこなったではないか、もともと南シナ海は中国のものだったから、中国の主張は正当なものだと切り返してくるわけです。この問題が議論に発展すると、中国人は、「日本もそれをわれわれに対しておこなった。忘れたのか」と責め立てます。たしかに日本は版図拡大を帝国主義時代にはやった。欧米列強もこぞってアジアを植民地にした。

けれども、第二次世界大戦の終結によって、その反省に立ち、一方的な領土変更をもうやってはいけないということが、世界共通の常識、概念となりました。日本がその版図を四島に戻されたのをはじめ、敗戦国はみな過大なペナルティを負ったわけです。

そうした多くの犠牲のもとに戦後の国際秩序が成り立ってきたのに、自分たちは強くなったのだから、これを「破壊していいのだ」と、知識階層を含め中国の人たちが主張するのは、現在の国際社会で許されるべきではないですね。

天安門事件を契機に「共産主義」から「民族主義」へ転換

門田　戦争の悲惨な経験より、自分たちの屈辱のほうが大きかったのだと考え、加えて、前時代的な中華思想に二十一世紀に至っても、なお、インテリ層まで染まっているのが中国です。本当に驚くべきことです。ちょっと待ってくれと言いたいのは私だけではないでしょう。あれだけ多くの犠牲を払ってやっと辿りついたこの国際秩序がまた破壊されるのかと、暗澹《あんたん》たる思いにかられますよね。

石平さんは中国要人、文化人から一般人に至るまでの心情、内面について一番の碩学《せきがく》（修めた学問の広く深いこと）であり、分析者であるだけあって、本当にわかりやすく、かつ正確に話してくれたと思います。

それでも、私は、石平さんの意見に異論というか、違和感を感じる部分があるんです。それは、私は、中国の民族主義が一九八〇年代以降、変質していったと思っているからです。

中国のなかで「共産主義」が完全に破綻《はたん》してしまい、実質的には国家資本主義の方向へ走っていった。八九年の天安門事件以降、民族主義を統治に使うようになり、時期を同じくして思想の締め付けと大学生の軍事教練、江沢民による反日教育が全面的にスタートしました。

私がなぜこの方針転換に言及するのかというと、私は一九八〇年代の初めから毎年のように中国に行っており、中国の人たちに非常に好意を抱いていました。優しくて、素朴な人たちが多かったし、他国を侵略し返して、自分たちの版図を拡大しようなどという意識を持っているとはとても思えなかったんです。知識階層も、一般人にも好戦的なところはまず見られませんでした。

それが変わってきたのは、天安門事件以降です。その後、一九八九年は、ベルリンの壁が崩壊するなど、世界の共産主義が総崩れになりましたが、逆行するように中国だけは天安門事件を機に思想統制を強化していきました。ただし、使われたのは、共産主義ではなく、「民族主義」だったのです。これで、中国を一枚岩にしていこうとした。

さきほど石平さんが言った中国人のナショナリズムは、たしかに前からありましたが、そこまで強烈ではなく、中国共産党独裁政権が、統治の手段として持ち出してきたから、いまのように台頭してきたのではないでしょうか。すなわち、強烈な民族主義の台頭は九〇年代以降、つまり、ここ四半世紀のことではないのか、と私は思うんですよ。

愛国主義を高揚させる「被害者の物語」

門田　私が注目するのは、米国の人類学者・パトリック・ルーカス氏も同様の指摘をおこなっていることです。彼は、私と同じ時期に北京に在留しており、当時の中国人の良さを知悉《ちしつ》している一人です。そして、その後の中国で民族主義的な動きが出てきたことを、彼は論文などで強調している。ルーカス氏のインタビュー記事は、二〇一五年二月、朝日新聞に掲載されました。

彼は、「共産主義はいわば淘汰され、民族主義が統治に使われ始めた」と指摘し、「抗日戦争勝利五〇周年の一九九五年前後、当時の江沢民国家主席は愛国主義教育を強めた」と、その転換期を示しています。この愛国主義教育で必要だったのが、「被害者の物語」だったというのです。

ルーカス氏は、共産主義が世界でバタバタと倒れていったときに、中国共産党上層部は、もはや共産主義は「維持できない」と判断した。そして、その代替として選ばれたのが民族主義、すなわち、ナショナリズムだったというのです。民族主義こそが中国を一枚岩に固めるための手段だ、これしかない、と決めた。こうして民族主義が統治のためのテーゼとなったのだと、分析したのです。

もともと中華思想、つまり、さきほどの華夷秩序への思いがあったのはたしかだと思います。しかし、民族主義が突然、出てきたのは、そういう世界的な共産主義の崩壊と密接に関係しているのではないかと思います。そして、そのときに出てきたのが、被害者の物語だった。つまり、日本を悪者とし、人民を愛国、そして民族主義に持っていくために、これを利用し始めた。毛沢東や周恩来《しゅうおんらい》の共産党第一世代の時代には、被害者の物語などまったく必要なく、共産主義に邁進《まいしん》していれば、それだけでよかった。しかし、世界的に共産主義が瓦解《がかい》し、鄧小平《とうしょうへい》が押し進める改革開放、すなわち「国家資本主義」時代には、民族主義と被害者の物語が必要になった、とルーカス氏は分析しています。

中華帝国の実現という対外的愛国主義が最優先

石平　ルーカス氏と門田さんが指摘したことは、一面において正しいと思います。たしかに毛沢東時代には、民族主義をことさらに強調しなかった。共産主義イデオロギーを掲げて国内統治に利用してきた。そして八九年の天安門事件前後で、共産主義のイデオロギーは崩壊した。それ以降は愛国主義を全面的に持ち出して、国内をまとめにかかった。

ただ、ここで注意しなければならないのは、九〇年代に出てきた愛国主義にせよ、天安門事件の原因になった民主主義の欲求にせよ、あくまで国内統治レベルの問題であったということです。国内統治に、どういうイデオロギーを持ってくるかということです。民族主義、あるいは愛国主義という国内統治術の次元のほかに、中国には、中華帝国の実現という目標がある。要するに中国は、対外的愛国主義と対内的愛国主義という二つの次元を意識していることを忘れてはなりません。

門田さんが指摘したのは、中国共産党の国内政策としての愛国主義にすぎません。それは、たしかに天安門事件後に国内統治に活用しました。しかし、だからと言って、毛沢東時代の中国は、ナショナリズム、あるいは中華帝国的な野望、中華思想というものを捨てていたわけではないのです。

たとえば、中国が受けた屈辱として、毛沢東時代、鄧小平時代で一貫しているのは、アヘン戦争以降の被害者としての歴史です。毛沢東時代に決してそれを強調しなかったわけではなく、毛沢東時代から現在に至るまで、中国共産党は、一貫して自分たちが正当性を備えるいちばんの理由とは、アヘン戦争以来、〝ふたつの敵〟と戦ってきたということです。

ひとつは帝国主義。それは、英国、米国、日本の帝国主義です。もうひとつは、そうした帝国主義をバックにした国内の反動勢力。彼らの解釈では、蔣介石も米国帝国主義をバックにしたし、汪兆銘《おうちょうめい》は大日本帝国主義をバックにした。そういう勢力と戦ったのが中国共産党だったとしている。

結局、彼らが解釈する革命とは、苛められた中華民族の力を結集させて、帝国主義と戦い、打ち破ることだった。革命の内在的論理のなかで、すでに愛国主義、ナショナリズムは大きな位置を占めていたのです。

ただし、毛沢東時代は基本的に共産主義イデオロギーを最上位に置いていたため、ことさらに愛国主義を強調してはいない。しかし、彼らの共産主義の論理、あるいは中国革命の論理、西洋列強の帝国主義と戦うテーマのなかでは、愛国主義は常に内在していたわけです。

門田　もともとあったが、それよりはるかに強い共産主義イデオロギーがあったために、それが目立たなかったということですね。

石平　それでは毛沢東時代には、何の政策をおこなったのか。周知のとおり、改革開放以前の二七年間、チベットを侵略したり、新疆ウイグルを侵略したり、朝鮮半島で戦争をしたり、ベトナム戦争にかかわったり、インドにおいても国境を挟んで戦争したり、ソ連とも戦ったり、まさしく〝戦争三昧《ざんまい》〟だった。実際には中国は中華帝国的な拡張、勢力の拡大を一時も止めることはなかったわけです。

ただし、毛沢東時代の中国は、中華帝国の野望を前面には出さなかった。すべて世界革命という大義名分で覆い隠していました。共産革命を成功させた中国は、帝国主義、反動階級を打ち破ったと認識していたのです。この共産革命を、中国周辺の圧迫されている民族、あるいは依然として帝国主義、反動階級に搾取されている民族に拡大していこうとした。この拡大していくべき民族には、ベトナムも南朝鮮も日本も含まれていた。

つまり、毛沢東時代、中国は決して中華帝国の論理は捨てたわけではない。むしろ世界革命というイデオロギーという包装紙のなかに、それを包んでいただけだったということですよ。

毛沢東から習近平まで「論理が一貫している」ことに気づかない世界

門田　わかりやすいですね。もともと存在していたが、それが目立ってなかっただけだったというわけですね。

石平　歴史的被害者であるという論理と中華帝国の論理が、毛沢東時代から、鄧小平時代、江沢民時代に一貫しているんですよ。ルーカス氏も、そこを理解していないのではないですか。彼が見たのは、国内の統治策としての、毛沢東時代、鄧小平時代、そして特に天安門事件後の江沢民時代においては、国内統治のためにナショナリズムを、求心力を保つものとして利用したことだった。

江沢民時代の特徴は、日本との戦争を強調したことです。毛沢東時代にはむしろ、中国は西洋列強に植民地化されたことのほうを強調していました。中国共産党になってから、歴史教育で一貫しているのは、アヘン戦争で中国が植民地、半植民地化された歴史から始まっているということです。それで、中国共産党こそが、この屈辱の歴史に終止符を打って、中国をさらに飛躍させて、いずれは中国が世界のひとつの中心となると唱えてきたわけです。

門田　日本と戦ったのは蔣介石率いる国民党軍であり、毛沢東の共産軍は、ほとんど壊滅寸前だったことを考えると、実に都合のいいストーリーですね。それにしても、中国が世界のひとつの中心ですか。これが、一貫して変わっていないというのは、おもしろいですね。

石平　毛沢東時代における世界革命の拡大とは、実際には、世界革命の理想・理念で〝包装〟したナショナリズム、中華覇権主義でした。

われわれが子供時代に教えられたのは、「世界人民を解放せよ」というものです。「君たちが大きくなったら、君たちの責任は、いま日本や周辺の国々で帝国主義の反動階級の圧迫の下で苦しんでいる人たちを救う、解放することにあるのだ」という共産党の世界観だった。だが、それはとどのつまり、ナショナリズム、中華覇権主義だったんです。

第二章

世界がまったく理解できない中国人の論理

敵を「殺すこと」を幼児から教える国

門田　中国共産党の論理が、実は一貫して変わっていないということは、興味深いことです。マルクス自身は、資本家と労働者との階級対立が最終的に解消されれば、国家権力は政治的性格を失い、共産主義社会が実現する、つまり、世界がすべて共産主義になって、初めて理想社会ができることを謳《うた》っています。つまり、マルクス主義とは、「世界革命」をそのまま背負っているわけです。そこに、中国では、中華思想が加わっている。つまり、自分たちの「徳」を周辺に施して、その世界革命実現のために邁進《まいしん》していく、というわけです。中華人民共和国建国以来、チベット、ウイグルなど、周辺国にとってはきわめて迷惑なことですが、中国は、こうして侵略行為をくり返してきたわけです。「マルクス主義」と「世界革命」と「中華思想」と「華夷《かい》秩序」。そこかしこに、ちょっかいを出してきた中国が、今後も世界の懸念材料になり続けるのは、そこにポイントがあります。

一方、日本人が戦後教えられたことは、戦争はいけない、侵略はいけない、平和は何よりも大切だということでした。その国際秩序が、基本的には七〇年続いてきた。しかし、ここで中国が力を持ち、これに真っ向から挑戦してきたわけです。ここで石平さんにお尋ねしたいのは、もともとマルクス主義が持っている、「共産主義が世界で勝利すれば、世界革命が成って理想の世界ができる」とする論理と、もともとの中華思想の論理が相俟《あいま》って、武力解放を中国の人たちは一度も悪いことだと学んだことはない、ということですよね。それどころか、武力解放は良いことだから「自分たちがやらなければならない」「自分たちには、その使命があると教えられてきた」。そういう理解でいいのでしょうか。

石平　実は、それこそが日本人が本当にわからない、非常に重要なところなんですよ。私は日本に子供がいるので、子供に絵本を読ませることがあります。その絵本から子供は、「争いはダメ、平和が大事だ」と徹底的に教えられます。自然と、争いとは悪いことで、平和をなにより大切にすることが教えられていきます。

ところが中国は、それとはまったく違います。われわれの子供の時代に教えられたのは、たとえば、極悪の反動階級のオヤジを、子供がヤリで刺し殺す話でした。日本では絶対にありえませんよ。そういう行為が讃美される教えを受けるのです。

それが、中国では普通なんです。教育は、あくまで正義の戦争をすることの延長線上にあったのです。争いは悪いことではなくて、敵を殺すことは〝正しい〟と教えられてきたのです。たくさんの敵を殺すのは、それは当然の行為であって、やらなければいけないと教えられてきたわけです。

抗日ドラマで重要なのは日本人殺しのリアリティ

石平　それでは、いまの時代は変わったのかといえば、変わっていません。江沢民の時代は、刺し殺す相手が西洋列強から日本兵に変わっただけですよ。いまの習近平の中国においても、抗日ドラマが氾濫《はんらん》しているが、逆に、その内容がやりすぎで問題になっているほどです。

　抗日ドラマの基本は、いうまでもなく、極悪の日本人を殺すことです。ただし、抗日ドラマで批判されるのは、殺すという行為が批判されるのではなくて、殺しかたがあまりにも現実離れしていることなんです。たとえば、弾丸一発で十数人の日本兵を倒したりする場面に、視聴者は誰も納得しない。そんなに効率よく日本兵を殺害できるのならば、抗日戦争はひと月で終わったはずだろう、となるのです。要するにリアリティに欠けていることへの批判なんですよ。

なぜ中国人の抗日ドラマの視聴者はそこまでのリアリティを要求するのか。中国では日本兵を殺す臨場感あふれる場面を、子供の頃からアニメを通して、徹底的に見せられているので、中国人はいい加減な、リアリティに乏しい描写を許さないのです。

門田　制作者たちが、日本人を殺すのは、より残虐に、ただし、リアリティのあるように、と要求されているというのを、私も聞いたことがあります。あれだけ、日中国交正常化を歓迎し、何度も何度も心からのお詫びを伝え、懸命に、中国の経済成長の支えになってきた日本人には、なんとも言いようがない現象ですよね。

「復讐の論理」の標的にされた南京大虐殺

石平　もうひとつ、中国は革命の戦争博物館を教育に利用しています。武器が展示され、革命戦争のさまざまな場面を紹介しているのです。まず、戦争を題材にした映画やドラマを放映し、敵側を徹底的に殺戮《さつりく》するという場面をすべて正当化します。これは、帝国主義勢力や反動階級が、それ以上にわれわれ人民を「殺した」という前提があって、初めて成り立ちます。

たとえば、私の中学生時代に国内で流行《はや》ったこんな映画がありました。主人公は少年で、舞台設定は、国民党政権時代です。主人公の父母も共産党員で、反動階級、反革命政権と戦っています。あるとき主人公の父母は、地方でやりたい放題の国民党政権の極悪トップに惨殺されてしまいます。成長した少年は、ある商人の家の奉公人となって、復讐《ふくしゅう》の機会を狙《ねら》っていた。そしてついにその日がめぐってきた。父母を残酷な手段で殺した犯人が、彼が奉公している家に客として招かれてきたのです。

宴会後、犯人はそのまま商人の家に泊まった。クライマックスは、少年が犯人のいる部屋に油を撒《ま》いて火をつけて、焼死させる場面でした。そのとき観客は総立ちとなって、拍手を送りました。一人の人間を焼き殺すことが、どうして正当化されたのか。それは、実に単純な論理です。犯人に、彼の父と母は惨殺されました。だから、子供は、その仕返しをしなければならなかった。それだけです。

実はこの論理こそが、現在に至るまでのすべてに繋《つな》がってくるものなのです。アヘン戦争以来、中国人は侵略され、惨殺され、搾取されたわけで、それらをそっくりすべて返さなければならない。つまり、復讐しなければならないのです。この論理で、江沢民政権時代になってから、もっともクローズアップされたのが「南京大虐殺」でした。

日本に対しても、西欧列強に対しても、殺しには殺しでやり返すという論理は、毛沢東時代から現在まで一貫して持ち続けられている。こうした中国の論理の前では、門田さんが唱える世界の秩序、平和など「クソッタレ」程度のものでしかないのですよ。

門田　たとえば、日本人は子供の頃から、いかに平和と秩序を重んじ、いかに人々の命を大切にしなければならないかを教育されています。そして、世界各国においても、テレビでの残酷シーンなどは当然のこと、表現に対しても、多くの規制がおこなわれています。人を殺してはいけない、人を苛《いじ》めてはいけない、といった普遍的な真理を、子供たちに教えてきています。

しかし、中国だけは、それに背を向け続けました。しかも、九〇年代に共産主義が破《は》綻《たん》したときに、民族主義への変更がなされ、そのために、もともとあった民族主義の思いが加速するなかで、日本憎しの「反日教育」を徹底的に施したわけです。

石平　代表的なのが、「南京大虐殺」です。日本軍が三〇万人もの中国人を南京で殺したという「南京大虐殺」が人為的に一大ターゲットに押し上げられ、いまや十二月十三日は中国の国家事業となっているんです。南京大虐殺なんて、私が子供の頃には聞いたこともなかった。あの狭い南京城のなかで、三〇万人の大虐殺がおこなわれたなどと、ありえないことが、平気で言われて、国家的事業として、それが世界にアピールされているんですよ。

ネットで話題は「東京大虐殺」

門田　江沢民政権以来、中国政府は日本への憎悪を煽《あお》り続けてきました。日本人は許さない、日本人はこうだと煽り続け、日本人に対する殺人すら「是」とする教育を子供時代からおこなってきました。「これは良いことなのだ。自分たちの中華思想は徳である。失地回復で、犠牲者が生まれてもまったく問題はない」。一三億人の人たちがそうした教育を受け、その論理が正しいと植えつけられ、これからの二十一世紀のなかで、世界の秩序に戦いを挑んでいくのが中国だということになります。

　中国のネットで飛び交っているものを見ると嫌になりますね。あれだけの反日教育を受け、中国人が真っ先に血祭りにあげたいと思うのは、当然、日本になっているからです。ネットでは、中国人たちが、東京大虐殺をどう実行するか、あるいは、日本人をどう殺すかということが、平気で論議されています。要は、普通の殺しかたでは飽き足らないので、できるだけ残酷な殺しかたをすべきだとまで、語られています。飲み会でも、そういったテーマが当たりまえのように人々の口の端にのぼっている。そんな中国人社会がいま、どんどん膨張していますね。

いま中国はアジアに脅威を与えているわけですが、中国の脅威は、ゆくゆくは世界中に拡散され、嫌悪の対象となっていきます。とりわけ先進各国と中国とはまったく通じ合わない。中国が、先進各国の自由、人権、民主という普遍的正義とは、対極にあるからです。中国共産党のジレンマは、そこにあります。自由、人権、民主という先進民主主義国の普遍的正義を実施すると、自分たち共産党独裁政権が崩壊してしまいます。やりたくても、できないんです。

力の政策が対外的だけでなく、強権をもって、国内を締め上げていくしかないわけです。台湾が、選挙によって、あれだけの民主的な総統選挙をおこなっているのに、中国では、国家のリーダーを直接選挙で選ぶことなどありえないことで、〝夢のまた夢〟なのです。先進民主主義国家で共有されている普遍的正義からすると、中国は、異星人でしかないですよね。

石平　中国にすれば、普遍的正義などそもそも幻なんですよ。そんなものは、存在しません。そもそも、普遍的な正義が本当にあったのならば、自分たちは、あれほど酷い目には遭わなかったわけですからね。

昔の中華帝国は、近代まではまだ鷹揚《おうよう》さを備えていた。たとえば中華帝国は、朝鮮半島をある意味では属国にした。けれども、別に朝鮮半島から搾取はしなかったし、殺《さつ》戮《りく》行為にも及ばなかった。ただ朝鮮王朝のトップが頭を下げて、貢物を持ってくれば、過剰な要求はしなかった。

ところが、現在の中華帝国にあるのは、復讐の思想、屈辱の怨念《おんねん》、さらに力の論理に対する徹底的な信奉です。いま、世界中でこれほど力の論理を冷徹に信じているのは中国人以外に見当たらないでしょう。

中国は、「そもそも力の論理を知らなかったからこそ、自分たちはやられた」と考えているから、自分たちの民族が味わった悲惨な体験は、すべて力の論理を知らなかった自分たちがバカだったからだというのが教訓となっているんです。何世代にわたって自分たちの先祖が膨大なる代償を払ってきた。ここにきて、かつての西欧列強や日本から、「力の論理はダメだ」と言われても、それは通用しませんよ。ただただ、けしからんと反発するだけで、中国人が耳を傾けることなんて、ありえません。

門田　いや、力の論理は、昔から戦いの歴史をつないできた中国の専売特許ですよ。そもそも、ヨーロッパのアジアへの恐怖、いわゆる「黄禍論」のもとになったのは、モンゴルが中央アジアを蹴散《けち》らし、ついには、ヨーロッパのドイツ平原にまで進撃して来て、殺戮のかぎりを尽くしたことだった。だから、中国が、「そもそも力の論理を知らなかった」というのには、誰も納得しないと思いますよ。

軍拡と核武装は中国人全員が賛成

石平　仮に日本が本気で軍事拡大をおこなう場合、日本は民主主義国家だから、日本国内には賛否両論が渦巻く。では、中国ではどうか。ありえないことだが一夜にして中国が民主主義国家に生まれ変わったとしましょう。その結果、軍事拡大について異論を唱える人がいるかといえば、一人たりとも出てきません。なぜなら、軍事拡大の必要性を全員が痛感しているからです。

われわれはかつて軍事力が乏しかったから、民族全体が悲惨な目に遭った。したがって、軍拡は正しい、核兵器を持つことは正しい、人民解放軍が強くなるのは正しい。これらの認識を強く持っているんです。その背景には、われわれは、昔は偉かった、おおらかな精神でアジアの秩序を維持し、アジア人に幸せを与えた。しかし残念ながら、われわれ中国人は力の論理を知らなかった。白い肌の連中がいきなりやって来て、砲艦外交、軍艦外交を迫ってきた。

中国がこれほど空母にこだわるのは、中国のすべての不幸の始まりは、英国艦隊がやって来て、南京に英国艦隊の砲弾が撃ち込まれ、南京条約に至ったことに集約されているわけです。中国は、それで力の論理を知った。だが、常にさまざまな帝国が目前に立ちはだかり、中国は、力をつけることができなかった。やっと中華民国になって、そろそろ経済成長して、力をつけようとしたところに、今度は大日本帝国が中国に侵略してきた。中国はそれに敗れて、大変な事態を招いてしまった。ことほどさように、常に他国の力によって翻弄《ほんろう》されてきたのです。そして、嫌というほど辛酸を舐《な》め尽くしてきた自分たちが、いまようやく力を持ち得たのだ。文句あるか、というのが、中国の本音ですからね。

教育で中国人が変わる可能性？

門田　そこの論理がおかしいというか、きわめて歪《いびつ》な感じがしますよね。アジアは、中華帝国に傅《かしず》いて、みな幸せであったと言いますが、その認識からして、まったく誤っていると思います。幸せをもたらすどころか、侵略と恫喝《どうかつ》の歴史だったわけですよね。常に周辺諸国を圧迫し、これらを平らげて版図を広げてきたのが、中華帝国です。それを都合よく解釈しているだけです。

それまでは貢物だけでみな従順に傅いていたのに、中国は力の論理によって、西洋列強に押さえつけられ、屈辱の一〇〇年を経験してきた、という主張は、まったく事実に即していません。前提からして違います。周辺国を泣かせて、長くわが世の春を謳歌《おうか》してきた中華帝国が、産業革命をきっかけに重工業化まで果たして国力を増大させた西洋列強に一挙に「差」をつけられ、力でねじ伏せられたわけです。長く改革を怠ってきたツケを支払わされたというのが真相です。

国際社会が、中国に普遍的な正義というものを知ってほしいと思っても、中国が頑として受け付けないのは、石平さんがおっしゃるとおりです。しかし、実を言うと、私はまだ希望を抱いています。それは八〇年代前半、私が知っている素朴な中国の人たちは、文化大革命の悲惨な一〇年を経て、いわゆる「革命無罪、造反有理」がいかに社会を荒廃させたかを反省していました。九〇年代からの、苛烈《かれつ》な民族主義と、江沢民によるあの被害者意識の教育さえなければ、いまのようなことはなかったと、私は思っているからです。

愛国心の発露「振興中華」が生まれた現場に私（石平）はいた

石平　私はそう思わないんですよ。そこが門田さんとまったく違うところです。八〇年代に門田さんが観察した中国の現象はまさにそのとおりだっただろうと思います。しかしながら、そこには、ひとつの歴史的背景が横たわっていることを見落としてはいけません。

八〇年代の若者たちを含めて中国の知識人は、文革一〇年間の民族的災難、しかも、この災難は明らかに外国とは無関係で、中国人同士が殺し合ったものでした。まさに、自分たちで、地獄の入口まで行ってしまった。これはさすがに西欧の帝国主義の責任だとなすりつけるわけにはいかないのです。

自分たちの問題として、独裁と民主主義という政治的テーマが浮上してきたわけです。具体的には、毛沢東的な極端な独裁が民族全体に災厄をもたらした。この一〇年間にわたる毛沢東時代の文革に対する反省から、みんなの関心事、問題意識は国内問題に集中していました。

そしてもうひとつ、見逃してはならないのは、八〇年代には改革開放政策により、相当な情報が入ってきて、中国という国家の〝実力〟が白日の下に晒《さら》されてしまいました。経済、科学、技術等々すべてにおいて、先進国に比べて決定的、絶望的に遅れていることを、中国は思い知らされたのです。

そういう時代だからこそ、中国人の伝統的な中華帝国の野望、中華思想などは全面的に休眠状態となってしまったわけです。中国には、このときふたつの選択肢しかありませんでした。ひとつは、中国の国内に民主主義を導入して、近代化をすすめること。もうひとつは、それほど立ち遅れたのだから、外国からいろんなことを学んでいくことでした。

そうした底流のなか、八〇年代の中国で一世を風靡《ふうび》したスローガンのひとつが「振興中華」だったのです。当時の民主化運動にしても、改革開放にしても、外国から良いものを学ぶといった精神にしても、すべてがこの「振興中華」のスローガンに収斂《しゅうれん》されていました。

では、この「振興中華」のスローガンはどこから出てきたのか。実は、これは、中国政府から出てきたものではないのです。なぜそう言えるのかというと、このスローガンがリリースされたまさに現場に、私自身がいたからです。

その現場とは、北京大学です。正確な日時こそ覚えていませんが、八〇年代後半、中国の女子バレーボールがどこかの国と戦い、苦戦していた。当時の大学の学生は、大学が管理する宿舎、学生寮に暮らしていました。私は三八号楼、頤和園《いわえん》のそばに住んでいました。各部屋にはテレビはなかったけれど、各フロアには活動室が設けられ、白黒テレビが備わっていました。

学生はみな、あの晩、バレーの決戦に、テレビに釘付《くぎづ》けになっていました。激闘が続き、苦戦の末、勝利した瞬間に、各宿舎から興奮した学生たちが飛び出し、広場や壁新聞の前などに集まってきたんです。そこで誰かが「振興中華！」と叫んだのです。それが、合言葉のようになって学生が次々と叫び、一晩中、「振興中華」のシュプレヒコールが大学中に轟《とどろ》きわたりました。

だから、これは政府が言いだしたものではないのです。民主化運動の先頭に立っていた、まさにわれわれの世代がその「源泉」だったのです。つまり、われわれの民主化運動のうえにあったのが「振興中華」であったわけで、そこが外国人にはわからないはずです。決してそれは共産主義でもなければ、政府が意図的に仕組んだものでもなかったのです。

中国人の底流にある「振興中華」を政治利用した江沢民

石平　その翌々日、人民日報、中央宣伝部が一斉にこの「振興中華」のスローガンを流し始めました。それ以来一〇年間、中国民主化世代の究極のスローガンは、民主主義でもなく、普遍的価値でもなく、自由人権でもなく、あの八〇年代のすべての考え方を集約する、最大公約数としてのスローガン「振興中華」になったのです。しかも、それは、私たち大学生から自然発生的に出たものでした。

逆に、天安門事件で、この世代はみな挫折し、誰も政府を信じなくなった。でも、その民主主義を潰《つぶ》した江沢民政権が、振興中華というスローガンだけは、あざとく受け継いだのです。これは、民主主義的な拡大解釈がおこなわれたということが言えるかもしれません。

というのは、九〇年代から民主化世代の人たちが一斉にナショナリズム、愛国主義に飛びついた。これは、江沢民政権がそう仕向けた面もあるが、そういう底流が存在していたからです。そういう意味では、七〇年代、八〇年代、九〇年代、中国を振興するスローガンは、いまでも変わっていない。いまの習近平政権のスローガン「中華民族の偉大なる復興」も、それに重なります。これは、これまで誰にも話したことのない私自身の体験なんです。

門田　日本人でも、民族を愛し、祖国を愛し、祖国古来の文化を愛します。したがって、振興中華というスローガンはどこも間違えていないし、世界中で受け入れられるものだと思います。共産主義、資本主義というようなイデオロギーを超えた、自分たちのアイデンティティであり、祖先への想いもあるから、これは普遍的真理と言えます。

問題なのは、これを拡大し、深めて、どんどん利用して、そして共産主義の破綻を隠《いん》蔽《ぺい》したまま、それらを肥大化させていったことです。これらは普遍的真理であるから、皆に受け入れられますが、それを江沢民政権はどんどん強め、そのうえ、歪《ゆが》めていった。

さきほど、石平さんが言及したような、悪人は殺しても構わないといった教育と相俟《あいま》って、九〇年代の反日思想、つまり、日本憎しに転嫁させていくわけです。これが、国家事業として、南京大虐殺事件が喧伝《けんでん》されていくことにも繋がっていくのです。

振興中華、つまり祖国を前進させたいという気持ちは誰もが抱いています。日本も、米国も同じです。けれども、私が指摘してきたように、たとえば、フィリピン、ベトナム、そして日本をブルドーザーのように押し潰《つぶ》していっても、中華を振興するためには、一向に構わないというところまで行ってしまう中国の論理は、やはり、おかしいのです。

つまり、振興中華が、中国にとって普遍的真理である一方、人を殺してはいけないとか、正義を重んじ、互いを尊重する、というものも普遍的真理です。これが調和するのが近代国家のあり方だし、近代国家の国民のあるべき姿です。それを完全に逸脱してしまっているから、中国という国家と中国人は、いま世界から異星人のように思われているのです。

すべての上位に位置する「中華」の概念

石平　門田さんの経験が示しているように、八〇年代は、中国現代史において、もっとも普遍的価値に中国が近づいたときだったと言えると思います。知識人が民主主義、人権などの価値を世界と共有できていた貴重な時期だったんです。しかし、その当時でさえ、われわれ学生にとって、あるいは当時の中国知識人にとって、若者たちにとって、「中華」という意識は普遍的価値の〝上〟に位置していました。

要は、すべてにおける上位の概念はあくまでも「中華」だったんです。民主主義も、サイエンスも、デモクラシーも、すべて振興中華を達成するためにあるものなのです。

もうひとつ、その時点で叫ばれた振興中華という概念のなかに内在していたのは、やはり、近代以来の屈辱の歴史観があったわけです。近代以来、中国は侵略を受けて、さんざん苛められて、またせっかく中華人民共和国を成立させたのに、さまざまな内政問題に苦しめられ、結果的に、中華民族はいつまでも浮上できなかった。

したがって、振興中華自体に、すでに中国の歪んだ歴史観と価値観が〝内在〟していたのだと思いますね。

門田 振興中華は愛国心でもありますよね。祖先愛、先達《せんだつ》愛を抱くことは良いことだし、人間にとってはあたりまえの普遍的真理でもあります。そこで、中国人が自分の国をどこにも負けないような近代国家にする。生活水準を上げ、人々がいがみ合わない、文化的な生活を営む、世界が羨《うらや》むような国家を建設しようと邁進するのは素晴らしいことだと思います。しかし、実際には、そうするのではなくて、他国を踏みにじっても、自国の力を見せつける方向に進んでしまっている。

片方の普遍的真理を踏みにじることによって、中華の普遍的真理が成立するのではない、ということに気づくべきなんです。このふたつは並立すべきものなのに、中国人はそうは考えない。かたや日本人は、多くの犠牲を払って、やっとたどりついた国際社会の価値観にしたがい、秩序を重んじ、清潔で、汚職は少なく、他国を踏みにじることもせず、粛々と戦後社会で歩を進めてきました。

平和と協調、そして高い経済力により存在感を示し、今では、それなりに世界から尊敬される国になっているわけです。どんなに中国と韓国が日本を「大嫌い」と叫んだところで、日本は世界のさまざまな好感度ランキングでいつも上位をしめています。その理由は、日本は経済大国となり、際立った技術力を持っていても、その技術力を武力に置き換えて、他国を侵略するようなことをしないことを、中国と韓国を除いた世界中の人たちが知っているからです。

同様に英国も、たとえ七つの海をまたにかけていなくても、国際社会のなかで、それなりに尊重されています。英国は、成熟した立憲主義にもとづく民主主義国家であり、優秀な外交官・政治家を配し、騎士道精神が生きる〝国柄〟であることを、世界中が認めているからです。かつての大英帝国が七つの海にまたがっていたからといって、失地回復すべきであるという英国人など、一人としていません。フランスにしてもドイツにしてもそうです。

私は、振興中華の概念、中華の論理を、他国の幸せと戦後社会の普遍的な正義を踏みにじることによって成り立たせようとしていることに対して、どうしても納得がいかないんです。近代以降の中国の「屈辱の一〇〇年」の恨みを晴らすため、他国を踏みにじるということが、最後まで「完遂」できると思っているとしたら、大きな誤りです。おそらく中国は、激しい軋轢《あつれき》と闘争の末に、南シナ海を手に入れ、次には西太平洋に出て、台湾もベトナムも尖閣も沖縄も、ものにするつもりでしょう。

だが、そうしたやり方は、明らかに間違っています。それに気づいている中国人は少なくありません。しかし、そのことが、まともな議論として出てこない。中国共産党の方針に真っ向から反対する人など、中国では生きていけないからです。言論の自由さえない中国から、彼らは結局、亡命せざるをえません。本当に不幸な国だと思います。そうまでして「華夷秩序」「振興中華」を果たすことが、いったい、どれほどの価値があるのか。私は疑問に思います。

民主、自由の獲得に必要な〝前提〟が中国にはない

門田　一九八九年の天安門事件のときに、拘束を逃れて米大使館に入り、亡命した物理学者で民主運動家でもあった方励之《ほうれいし》氏は、大学教授時代に北京大学で「思想の自由」を

説き続けた人でした。彼は、事件のときに非常に興味深いことを発言している。民主化を要求する中国の学生たちは、民主と自由を獲得し、共産党の独裁から、なんとか脱したいと希求していました。方励之氏は、普遍的な民主、自由というものは、ある〝前提〟が必要であると言いました。その前提とは、秩序を重んじ、ルールを守り、相手を重んじ、尊重し合うという社会の「土台」がなければ、飛行機が離陸するために滑走路が必要なように、それは成り立たないのだ、という考えです。

方励之氏は、学生たちが根本的に勘違いしていることを指摘したんです。学生たちは、資本主義国というのは、日本であり、英国であり、フランスであり、アメリカであると思っているが、ブラジルやインド、あるいは、中国よりも貧しい南米の国々も、みな資本主義国であることを忘れている、と指摘した。つまり、飛行機が離陸するのに絶対に必要な滑走路とは「何であるのか」ということを中国の学生たちはわかっていなかったのです。

それこそが、モラルであり、秩序を重んじることであり、自由な言論空間であり、相手を尊重することであり……と、さまざまな土台があって、初めて健全で、有意義な資本主義は成り立っていくことを示したわけです。

方励之氏は、亡命先の米国で、二〇一二年に亡くなりましたが、私はこの方励之氏の言葉を思い出すんです。中国は、国家資本主義、すなわち赤い資本主義体制のもとで、国内に巨大な貧富の格差と矛盾を抱えながらも、経済大国の夢を果たしつつある。しかし、方励之氏が指摘した問題点は、いまだに克服されていないことを考えてしまいます。それは、秩序を重んじ、ルールを守り、相手を重んじ、尊重し合うという根本が、いまだにわかっていない、ということなんです。南シナ海での中国の傍若無人な行動と、それを当然だと考えているエリート層も含む中国人民の考え方と態度は、ゆくゆくは、国際社会からの孤立、そして決定的な破綻を招くと私は、考えています。

他人と他国を信用できない中国人

石平　方励之は、中国の学生たちは民主、自由の前提があるのを理解していなかったと評したが、私に言わせれば、「それが中国なのだ」ということですね。つまり、方励之がただ「個人的に」それをわかっていただけの話です。むしろ、方励之のほうが、学生たちのことを理解していなかったのだ、ということも言えると思います。

ふたたび、さっきのテーマに戻りますが、日本においては、個人的に幸せな人生を送るならば、きちんと法律を守って、税金を納めて、仕事に努力して、円満な生活を送る。また、そうしたうえで友人と酒でも飲んで、さまざまな知的活動をおこなうのがいいでしょう。われわれがそう思っている前提は、われわれが生きている社会全体が普遍的な秩序と価値観の上に成り立っているからにほかなりません。

ところが、中国人はそう思っていない。最初から公平で、公正で、普遍的な秩序が、世界に存在するなどとは全然考えていないんです。これが中国人の細胞に沁《し》みついている根源的なものなんです。

日本で新幹線のチケットを買うのに、われわれはみな自動的に列に並ぶ。どんなに忙しかろうが、緊急を要していようが、ほぼ、どのような場面であっても、考える以前に並んでいます。しかも、実際に秩序正しく並んだほうが、スムーズにチケットを買うことができるわけです。列を無視して、無秩序に、力ずくで押し寄せるならば、逆にチケットを買うことがままならなくなってしまいます。これが日本人の感覚であり、さらに言えば、門田さんが中国に対して抱いている感覚がこれにあたります。

要するに、中国が大国であれ、小国であれ、誰も中国が並ぶことを排除しない、きちんと列に並びさえすれば、中国のことを排除しないし、中国の言い分も聞く、ということとなららいいんです。それで全然いいはずです。

しかし、中国人は根本的に、国際社会において各国が自動的に列をつくることなど、あり得ないと考えています。むしろ並ぶほうがバカなのだ、と。列に全員が並ぶことには意味があるけれど、誰かが抜け駆けするならば、ハナっからそれは意味をなさない。言葉を換えれば、中国は、基本的に他国を信じないわけです。

つまり、国際社会がみな自動的に秩序正しく列に並ぶものとは、中国はもとから毛頭思っていません。結局、列に並ぶよりは力で他の人を押しのけて、自分がチケットを買う。力がなければそれはできない。逆に力があれば、まず門田さんを押しのけて、自分のチケットを買う。

中国は、各国が力の強弱に関係なく、列に並ぶなどとは毛頭思っていないのです。考え方が根本的に違うわけです。われわれ日本人からすれば、並んだほうが自分も便利だし、無用なケンカをせずに済む。静かに並んで、自分の順番になったらチケットを買う。それが自然なのですが、中国は違います。そのことを認識する必要がありますね。

世界の情報も入っているのに中華に固執

門田　東日本大震災のときに世界の人たちが驚愕《きょうがく》したのは、日本人の行動のありようでしたね。あんな酷い目に遭い、あそこまで町が破壊されても、それでも、人々は、列を乱すことなく、静かに並んで水や物資を待ちました。誰も、割り込んで自分だけがいい目をしようとした人がいなかった。もちろん、暴動も起こらなかった。大災害は、ほかの国では、略奪が始まることを意味します。しかし、日本では起こらない。みな秩序を重んじて冷静に立ち振る舞っていたことに、世界中が驚きました。

たしかに中国では、列にきちんと並ぶということがありえないですよね。私が八〇年代の初めに中国へ行って最初に驚いたのは、天安門広場の前門からバスに乗ろうとしたときでした。目的のバスが来たら、乗客が殺到したんです。乗車ルールもへったくれもなく、私はバスのドアにもたどり着けなかった。二台目でも乗れなかった。「このままではいつまで経っても乗れない」と気づきましたよ。そこで、三台目には、中国人と同じように、周囲の人間を「どりゃあ！」と押しのけて、ようやくバスに乗ることができました。「こりゃ、中国で暮らすのは大変だぞ……」と思いましたね。

石平　門田さんも、それで中国の本質が理解できたのではないですか。われわれがここまで議論してきたすべての落着点が、門田さんのエピソードに見事に集約されています。中国では、どうして力の論理が一貫して認められているのか。バスに乗ることすら、その目的を遂げるためには、そこまで敏捷《びんしょう》さと腕力の強さが必要なんですからね。

門田　ここで重要なことがありますよね。中国が豊かになって、膨大な中国人が、日本や米国、英国をはじめ、実際に自分の目で世界を見るようになってきたわけです。さらにインターネットも発達し、かなりの分野で世界の情報を詳細に得られるようになってきました。そうなると、いままで自分たちが常識だと思っていたことが実は間違っていたことを認識するようになります。そのほうが便利だし、いがみ合うこともないし、きちんとスムーズに物ごとが進むし、それこそ秩序ある楽しい生活ができるのだ、と。

　片方にそんな認識がありながら、しかし、片方では、中国人の古来の行動や価値観に固執しているわけです。中国に力がついたから、これからは一〇〇年前の列強帝国主義時代の論理でいくのだと突き進んでいく。その撞着《どうちゃく》ぶりが、どうにも理解できません。

勝つか負けるかしかない殺伐とした価値観

石平　問題はそこです。たしかに個人レベルにおいては、中国人は海外に出てみて徐々にいろいろなことがわかってきている。日本で新幹線のチケットを買うときには列に並んだほうがいい。最近は、中国でもそういう人たちが増えてきています。しかし、ここで中国を見るときに、絶対に忘れてはならないキーワードがあるんですよ。

たしかにインターネットで情報などは入ってくるけれど、中国の人民日報、新華社通信、環球時報をはじめ、ほぼすべての新聞社、専門家の国際情勢に対する解説は、あるキーワードで括られている、ということです。

それは、「勝ったか、負けたか」です。たとえば、外交にはいろいろな妥協があります。もし、日本が中国と話し合って妥協した場合、中国人は、決して話し合いで決着をつけたとは解釈しません。日本が中国の強い押しに、「折れた」、つまり、中国が「勝ったのだ」と考えます。中国人には、すべての国際問題、起きたすべての事象に対する「最後の解釈」は、勝ったのか、それとも負けたのか、このふたつしかないんです。

たとえば、二〇〇八年に北京五輪が開催された。これが決定されたのは二〇〇一年七月十三日にモスクワで開かれたＩＯＣ総会でした。この決定的瞬間を前に、中国の全国民の目は中央電視台の中継放送に釘付けとなっていました。投票で二位のトロントに大差をつけて北京に決まった瞬間、テレビ画面に映し出されたのは、「われらが勝利」の文字でした。

本来の五輪精神からすると、また日本人の価値観からすると、五輪は普遍的な価値を携えるスポーツイベントにほかなりません。

しかし、中国人の北京開催決定に対する反応は、「勝った」でしかなかったんです。この解釈は、これは決して誰かが中国に五輪開催を譲ったわけではない。中国の実力で開催権を「勝ち取った」ということなんです。むろん、北京五輪自体、中国にとっては国威発揚以外の何ものでもなかったのは、ご承知のとおりです。

残念ながら、いまの国際社会は、日本人が理想とする、話し合いを基本に、ルールに従って動いているわけではありません。むしろ、中国人が好む解釈に、ぴったり合うことが多いのです。

たとえば、プーチン大統領によるクリミア併合とか、かつてのフセインによるクウェート侵攻とか、中国人が信奉する、国際社会とは「最後はすべて力で決められるものだ」

とする感覚を強化、補強する現象が実際に数多く起きている。

結局、中国人の世界観は、いまも、昔も、これから将来も、国際社会とは「ジャングル」であって、力の強い者がすべてを奪い取り、弱い者は負ける。それ以下でもなく、それ以上でもない、ということなんです。われわれがいま語っている理想論は、中国人のなかには存在しない、ということです。

勝ち続ける中国の行き着く先は「核戦争」

門田　やはり、石平さんのお話は、実にわかりやすいです。中国人の世界観、あるいは、常識、そして、考え方の根本がよくわかります。けれども、問題は、これから「先」のことですよね。いまの中国人、そして中国共産党が行き着く先、これは際限がないわけだから、どこかで必ず破綻するわけです。石平さんのおっしゃる「勝つか負けるか」の大きな岐路が、私は、「二〇一七年」だと思っています。
さきほども話したように、こうした中国の論理に、米国がやっと気づいた最初の文献が、マイケル・ピルズベリー氏の『China2049』でした。一〇〇年の屈辱、一〇〇年の恨み、建国から一〇〇年となる二〇四九年までに、中国は何をおこない、何を達成しようとするのか、それにいままで気がつかなかったことを、彼は恥じ入っている。その反省から、同書は書かれている。

これは石平さんに言わせれば、「今頃気がついたのか」ということになるわけです。しかし、今後の展開を考えると、ものすごく恐い話にならざるを得ません。中国はこのまま国際社会で「勝ち続け」られると思っているかもしれません。実際には、中国が戦力を増強しても、行き着く先は「核戦争」にほかならないわけです。これは、いうまでもなく、双方が悲惨なことになり、場合によっては、地球最終戦争になるかもしれません。

もしこれから先、中国が頑として考えを変えなければ、国際社会は、中国を倒さなければいけないという論理に帰着せざるをえなくなります。これは、二十一世紀の現代で、あの悪魔の帝国主義を捨てられない国が、その野望を遂げようとしているわけだから、当然の帰結かもしれません。

ただし、核戦争で決着をつけることはできないわけですから、中国を倒すために、国際社会はありとあらゆることをしなければならなくなる。具体的には、共産党独裁政権を倒すための「経済戦争」です。

暴走中国を止めるには「武力」ではなく「経済」

門田　戦後七〇年のあいだ、武力によって国を屈服させることができないことを、国際社会は痛感してきました。朝鮮戦争やベトナム戦争、中東戦争……どんなに武力を行使しても、多くの人々が犠牲になっただけで、どうにもなりませんでした。ＩＳ（イスラム国）に対しても、いまだにこれだけの苦戦を強いられています。

そうすると、悲劇をもたらす中国の帝国主義をストップさせるために、「武力」ではなく「経済」で破綻させなければいけません。そういう国際的な動きが、これから始まるわけです。それこそが、米国でもっとも中国の力と戦略を正確に分析してきたピーター・ナヴァロ氏（カリフォルニア大学教授）の国家通商会議委員長への登用ですね。トランプ大統領の対中戦略は、このナヴァロ氏の登用でわかります。前掲の『米中もし戦わば』は、これから、トランプ政権が、どう中国と対峙《たいじ》していくのか、その答えが書いてあります。

オバマ政権が中国に譲歩し、結果的に、中国のやりたい放題を許してしまった反省に立って、中国がこれ以上の脅威になる前に「叩く」、つまり、経済戦争が勃発《ぼっぱつ》するのです。

これは、もう不可避だと思います。

これが具体的に明らかになってきたときに、世界中が大混乱に陥る可能性があります。臥薪嘗胆《がしんしょうたん》の時代の到来でしょう。中国の経済が破綻するということは、世界経済は大打撃を免れませんから、その余波を受けて、破綻する国も出てくるかもしれません。日本でも中国とかかわっている企業の打撃は、はかりしれないと思います。

トランプ大統領が提唱する保護主義の徹底強化と中国を倒すための経済戦争は、符牒《ふちょう》が合っています。人民元に対する通貨戦争から始まり、さまざまな品目やジャンルを通じて、具体的な激突が始まります。友好国であった日本ですら、あの一九八五年の「プラザ合意」による急激な円高ドル安と、各分野の個別交渉を通じて、徹底的な改革を余儀なくされました。中国との経済戦争をおこなうために、まずトランプ大統領は、自国への影響を極力少なくするために、さまざまな保護主義的な政策を打ち出していくでしょう。

武力による戦争ではなく、経済戦争——中国が経済破綻して、中国共産党の独裁体制を揺さぶり、中国自身を内面から変わらせなければならない。国際社会はそういうコンセンサスで、二〇一七年以降、動き始めるでしょう。それを主導するのが、トランプ—

ナヴァロコンビにほかなりません。

習近平と中国は一〇〇%変わらない

門田　中国が、「異形の国」だと思うのは、経済大国となったものの、中国では貧富の差が絶望的なほど拡大しており、本来ならば階級闘争が起こらなければならないのに、それが起きないことですよね。かつての資本家と労働者の差をはるかに凌駕《りょうが》する「超格差社会」になっているのに、習近平は、それに手当てをするどころか、自国の版図を広げる方向に向かっている、ということです。

いったい、中国共産党のリーダーたちには何が欠けているのだろうか、と私は考え込んでしまいます。世界で勉強した人たちもいるし、外から自国も見た人もたくさんいるだろうに、前近代的な思考法が主流として、ここまで〝温存〟されているのはまったくの驚異です。雌伏の何十年を経て、ついに経済大国になり、二十一世紀を迎えた。すると、いきなりこれまで恩義を受けてきた国々に向けて対決姿勢を顕わにし、中華帝国主義という本性を剝《む》き出しにしてくる。「それが共産党だ」と言えば、そのとおりなのですが、「見事」というほかないですよね。しかし、いまだに日本には、中国への幻想を抱いている「ドリーマー」たちがかなりいるし、メディアにも、そういう人たちは相変わらず多い。

中華の民族主義、勝利至上主義が間違っていると中国に教え込むのがどれほど難しいことなのか。それは、石平さんのご指摘のとおりです。すでに中国が海洋戦略に沿って具体的な行動を起こしてしまったいま、国際社会が立ち向かう方策は、そのことで蒙るあらゆる経済面での「不利益」を中国に教えることです。力の海洋戦略がもたらす利益と不利益を、中国にわからせるしかありません。しかし、利益が大きければ、彼らはどこまでも突き進みます。これが不可能であることを、どう教えていくのか。そして、国際社会が、そのコンセンサスを形成できるのか、興味は尽きないですね。もし、この試みに失敗した場合は、二十一世紀以降の世界がたどる末路は本当に「恐ろしいもの」になるでしょうね。

石平　門田さんはいま、もし失敗したらという表現をしたけれど、それは残念ながら、一〇〇%失敗する、と私は断言します。なぜなら、中国共産党政権の指導者たちを改心させる、あるいは、彼らに考えを変えさせることは、われわれ外部からは不可能なことだからです。

唯一、彼らを思い留まらせるのは、結局、彼らの信奉している力の論理と利害関係以外にはありません。要するに、究極の選択肢として、「国際ルールを守ったほうが、お前たちは生き延びられる。世界の破壊者になれば、ヒトラーのような末路をたどる」ことを中国の眼前に突きつけなければなりません。しかし、残念ながら、北京の中南海には最高権力者の習近平に、それを説いて聞かせられる人物は誰もいないのです。

門田さんが説明したような、「英国は大英帝国をやめても、世界から尊重されている。日本も日本帝国から転落しても、世界から好かれている」ことは国際社会においては、あまねく認識されていたとしても、習近平は露ほども思っていないのです。

世界のあちこちで頭ばかり下げている日本の指導者・安倍晋三を誰が尊敬するものか、と小バカにしているのです。二〇一五年の英国訪問の際、キャメロン首相は習近平の前で土下座をするような格好で、彼の訪英を歓迎しました。民主主義国家である英国に対し、民主主義に関する中国批判は受け付けないと習近平は演説をぶったにもかかわらず、国賓としてバッキンガム宮殿に宿泊したのです。

習近平は、日本や英国は、中国の力の前にひれ伏しているとしか考えていない。ライバル視する米国のオバマ前大統領も、任期中、本気で中国と対決しようとはしなかった。

いまや中国に対して、力で考えを変えさせることはできないと世界が悟ったからだと、習近平は本気で受け取っているのです。

基本的に、いまの中華人民共和国が存続するかぎりにおいては、何も変わらないと思いますね。共産党独裁主義から離れれば変わるという意見もありますが、私には、それも疑問が残ります。たとえ政治体制が変わったとしても、はたして中国人は中華帝国的なものを捨てることができるだろうか、と思いますね。

むしろ、われわれにとっての課題は、中華帝国の道連れにされないために、日本はどうすべきか、米国はどうすべきかのほうだと思います。

門田　中国という国の災厄、その強権の凄まじさを知り尽くす石平さんの考えは、よくわかります。その危険性について、石平さんは、ずっと警鐘を鳴らし続けていますからね。

第三章　米国は必ず経済戦争を仕掛ける

八〇年代後半から中国社会に蔓延した拝金主義の猛威

門田　それでも私は、中国の人たちが、世界が認める普遍的真理、普遍的正義を踏み潰《つぶ》してもいいとする論理からいつか脱却できるのではないか、と思っています。それは、中国人が、そういう「力の論理」を信奉する人たちだけではないことを知っているからです。

十九世紀から二十世紀の世界は、まさに帝国主義時代の真っ只中で、欧米列強の植民地主義のもとで多くの人々が悲惨な目に遭っていました。多大な犠牲のもとに、戦後の国際秩序ができあがったのは、これまで述べてきたとおりです。そのことについて、中国の人たちが「理解できない」とは、どうしても思えないのです。

私が今でも思い出すのが、八〇年代後半の拝金主義が行き渡ってきた中国社会の荒《すさ》んだ姿です。八〇年代に毎年のように中国を訪れていた私は、八九年三月、一年ぶりに、胡耀邦《こようほう》が死ぬ直前に中国に行っていました。そのとき、たった一年のあいだに、中国が大きく変わったことに驚いたことがあります。それが拝金主義なんです。これが凄《すさ》まじいものになっており、中国は変わってきたなとつくづく実感するとともに、これからの中国はどう進むのかと大きな不安を感じました。

人間関係がぎすぎすして、トラブルなしでは、あらゆる交渉ごとが前に進まない。おまけに、すべてにわたって、〝金、金、金〟の世界でした。秩序もなにも、モラルが完全に崩壊し、さまざまな階層が危機的状態に陥っていると感じました。人間社会というより、〝動物社会〟に近いのではないか、というほど酷い荒れかたになっていましたね。罵声《ばせい》を浴びせ合ったり、殴り合ったりする姿が、あちこちで目撃されるのです。これには、驚きました。

帰国した私は、学生時代からお世話になっていた、ある大手新聞の元北京支局長にこう話したんです。「中国が大変なことになっている。秩序が崩壊し、拝金主義が蔓延《まんえん》し、もう〝動物社会〟に近いような状態に陥っている。しかし、人間にとって、もとの秩序ある人間社会に戻りたいという欲求は大きいから、やがて、大変なことが起こるのではないか」と。

巨大なエネルギーが社会全体に蓄積されていますよ、と言うと、その元北京支局長から、「お前、大げさなことを言うなよ」と、笑われたことを覚えています。しかし、結果的には、直近で現場の空気に触れてきた私の予感のほうが当たったんです。その後、胡耀邦の死をきっかけに、すぐに若者が民主化運動という形で不満をぶつけ、かの「六・四事件」（天安門事件）に繋《つな》がっていく。

私には、民主化運動の大きな原動力になっていたのは、社会に蔓延した「拝金主義」と動物のようないがみ合いの「秩序なき世界」から、きちんとした世界に戻りたいという激しいパワーだったように思えました。

共産主義崩壊という世界の潮流に逆行した中国の不幸

門田　一九八九年は、ご存じのように、秋以降、ベルリンの壁が崩壊し、東ヨーロッパで共産主義政権がドミノ倒しになっていく歴史的な年です。しかし、中国の人々にとって不幸だったのは、順番が逆だったことですよね。汎《はん》ヨーロッパ・ピクニック事件。これは八九年八月にハンガリー領ショプロンで開かれた政治集会に参加した東ドイツ市民約一〇〇〇人がハンガリー・オーストリア国境を越え、西ドイツへの脱出を果たした出来事です。これをきっかけに東欧の社会主義国家が、動揺を始め、ドミノ倒しに繋がっていきます。ベルリンの壁崩壊も、もともと、この出来事がスタートですからね。

これが天安門事件の「三ヵ月後」に起きたのは、なんとも歴史の皮肉ですよね。胡耀邦が「あと半年生きていてくれたら」ということを中国の民主運動家たちはよく言いますが、私もそんなことに思いを馳《は》せますよね。一方で、仮に汎ヨーロッパ・ピクニック事件が胡耀邦の死以前に起きていたなら、中国では、天安門に若者が集まることすら許されず、そのまま凄まじい思想の締め付けがおこなわれたのかもしれない、とも考えてしまいますが……。まあ、あとからなら、いくらでも冷静に振り返ることができるのが歴史というものですからね。あの八九年三月に北京、武漢、上海を渡り歩いた私は、「中国はいったい、どうなったのだ」という暗澹《あんたん》たる気持ちを抱かざるをえなかったことを思い出します。

国際社会はなびくと読んだ鄧小平は正しかった

石平　八〇年代は、中国が中国人に、そして世界の人たちに大きな希望と幻想を与えた時期だったことは間違いないでしょう。ただ、いま考えると、民主化運動が失敗に終わったのは、むしろ当然というか、必然であったように思います。そもそも国民の大半が民主化運動を支持したわけでもなかったし、特に、農民、労働者は関心がなかった。

当時、中国の国状をもっとも冷徹に〝分析〟していた指導者は鄧小平、その人だったと思います。その鄧小平が天安門での血の鎮圧に踏み切った。そのとき、国際社会は黙っていないだろう、中国共産党政権は国際社会の普遍的な価値に押し潰されるのではないか、われわれ学生も中国の多くの知識人も、そう期待を抱きました。つまり、われわれは天安門事件のあとでも、まだ失望していなかったのです。

なぜなら、天安門事件は中国共産党への失望を確定させたが、それでもわれわれは国際社会に「期待を寄せていた」からです。ところが、その後の現実はどうだったか。むしろ、鄧小平の読みが正しかったわけです。

国際社会は最初は中国共産党政権による「血の鎮圧」を厳しく批判して制裁も加えたが、しかし後になって徐々に態度を変え、ふたたび中国を受け入れることにした。米国でさえ最後は、天安門事件などはどうでもいいと、なし崩し的に中国とふたたび手を組むしかなかったのです。あとでわかった事実ですが、天安門事件直後、当時の父・ブッシュ政権がリーダーシップを発揮して、中国に対して制裁を加え、日本もそれに加わりました。フランスも続きました。しかし、制裁をおこなっている最中に、ブッシュ政権が鄧小平に密使を送り、中国と敵対する意思がないことを伝えています。

それで鄧小平は安堵《あんど》したんです。中国共産党が得た結論は、自分たちが中国を完全にコントロールできれば、民主主義国家、資本主義国家は中国に対して何も手出しすることはないということでした。この鄧小平の論理は正しかったわけです。

門田　それは、それこそが「国際ルール」だからですよね。国内の人権弾圧を理由に、もし、中国に介入してくるような国があったら、それこそ内政干渉はやめろ、ということになります。そして、それぞれの国に工作員をブチ込んでいますから、彼らがそういうときこそ、大活躍するわけです。日本も、橋本龍太郎《はしもとりゅうたろう》蔵相（当時）が、中国の女性スパイとの男女関係をもとに、工作を受けていたことが、のちに国会でも問題になります。そして、親中の外務官僚として知られる橋本恕《はしもとひろし》・中国大使によって、天皇の訪中まで実現してしまうわけです。いかに、中国が広範囲にその国の中枢に対して、効果的な工作をおこなっているかが、このとき証明されたと思いますね。

普遍的価値に幻滅した中国エリートたちがたどったふたつの道

石平　その延長線上に「現在」があるということです。天安門事件後の経緯を見て、国際社会が主張する普遍的価値とやらは、事件で挫折した側、成功した側、その両方から完全に〝舐《な》められる〟ことになったわけです。

挫折した側は、西側の普遍的価値がいざというとき役に立たないこと、中国政府に対してどうにもならないことを痛感した。逆に鎮圧した側は、完全に自信をつけました。中国は国際社会の論理、秩序、国際社会の普遍的価値を受け入れなくても、誰も中国に対して手出しできないことを学んだのです。

これは何を意味すると思いますか？　国際社会の普遍的価値など「無意味である」ということですよ。このことを中国共産党と多くの中国人は強く認識したのです。

したがって、この普遍的価値が存在していると信じていた側、幻滅を覚えた知識人たちは、一部は共産党政権にわが身を売るしかなかった。つまり、自分も権力者になる道を選んだわけです。そして、一部は、自分自身の自由と理想を求めて、海外亡命の道を選んだのです。

中国共産党政権は、あるいは中国国内の大半の国民も、中国がたとえ国際的な普遍的価値を〝無視〟しても、犯しても、誰も中国に対して何もできないことを学び、共産党は、そのことに自信を得たのです。

事の本質は、中国にとってアヘン戦争と同じだったとも言えます。アヘン戦争により、中国は西洋列強から力の論理を学んだ。天安門事件で学んだのは、中国さえ強い力を持っていれば、普遍的価値などどうでもよい、無視しても問題ないということだったわけです。だから、残念ながら、門田さんが期待しているような、いずれ中国は普遍的価値や国際秩序を受け入れて、そのなかの一員として生きていくことは、ありえないんですよ。

門田　中国共産党のみが、民主化の嵐を踏み越えて、生き抜きました。そのことが世界にとって幸いになるのか、災いに繋がるのかについては、今後の歴史が証明してくれるでしょう。中国共産党の論理が正しかったかどうかの結論は、未来に委ねることになりますね。

天安門事件への日本の経済制裁を解いたスパイの暗躍

門田　天安門事件に対する制裁解除を米国に先駆けておこなったのは日本でした。ここで際立ったのは、先に触れたように、中国の間諜《かんちょう》（スパイ）工作のしたたかさです。相手の中枢に食い込んでいく工作能力、これは国民党との戦いで培った中国共産党の財産でもあります。九二年の天皇訪中の実現、あるいは、橋本龍太郎蔵相（のち首相）に近づいた女性工作員が男女関係をもとに、中国への多額の援助を引き出したことなど、工作員の図抜けた行動力には舌を巻かざるをえない。こうしたヒューミント工作はかつての日本軍は備えていたかもしれないが、戦後の日本がすべて排除してきたものでもあります。

しかし、中国共産党は、日本の社会党や共産党にしかルートを持たず、長いあいだ、日本の政権への直接的な影響を行使できないでいました。それは、中華民国の国民党が自民党と太いパイプを持っていたことも大きく影響しています。中国共産党が突破口を開いたのは、自民党の有力者だった松村謙三《まつむらけんぞう》氏（一八八三〜一九七一年）に対してでした。

松村氏は非常に清廉な人物でした。中国は、なかなか松村氏の弱みを探り出せなかったのですが、ついに彼の趣味に「突破口」を見いだしました。

それが「蘭《らん》」です。松村氏は蘭の花の愛好家で、しかも、きわめて難しいと言われる蘭の栽培までおこない、プロ顔負けの腕を持っていました。松村氏が日本の蘭の協会の会長を務めていることがわかると、急遽《きゅうきょ》、中国にも蘭の協会を設立しました。そして、松村氏を「落とす」ために中国の蘭の協会で訪日団が組織されたのです。訪日団は松村氏に面会し、日本にはない貴重で高価な蘭をプレゼントし、そこから関係が始まったのです。

いわば中国側のヒューミントにより、ＬＴ貿易を介しての高碕達之助《たかさきたつのすけ》との細々とした関係から、松村謙三の人脈に食い込む道を拓いていったわけです。しかも、外から見ればごく自然な形で、それをやってのけた。

松村側としては、大人風《たいじん》な中国人がまさか工作のために近づいてきているなどとは考えもしなかったから、ガードは緩かった。これを入口として、中国共産党は、自民党内のさまざまな部門に食い込んでいくことに成功しました。これが中国の工作の恐ろしさなのです。

そして、ついには、ある総理経験者の事務所にまで人民解放軍の工作員を私設秘書として送り込むまでの関係を築くのです。ちなみに河野洋平《こうのようへい》氏は、松村氏が日中友好を押し進めるために池田勇人《いけだはやと》氏の後継総裁として推した河野一郎氏の次男にあたります。

なぜ、これほど日本の政治家には親中派が多いのか。国民はそんな素朴な疑問を抱いているかもしれません。しかし、それは苦労の末に一度、摑《つか》んだルートを根気よく〝運営〟する中国共産党による「不断の努力」の結果なのです。そのあたりは、見事ですよね。

石平　やはり、日本の政治家やマスコミは、中国というものを根本的に見誤っています。

その認識不足が、こういう工作を許す結果になっていますね。

日本の公安当局はスパイの実態をつかんでいた

門田　ある総理経験者の事務所にいた工作員は、人民解放軍総参謀部第二部に在籍していた佐官クラスの人物で、彼は私設秘書として事務所に出入りし、政界に人脈を広げていました。なぜ中国に対してあれほどのODAが続いたのか。それは、やはり中国の工作員の〝実力〟としか言いようがない。総理大臣からして、完全にここまで食い込まれているわけですから、あとは推して知るべしですよね。天安門事件後に、これらの工作員が、いかなる活動によって、事件後の経済制裁を解除させていったかは、その〝成果〟をぜひ、中国側が、本として出版してほしいですよね。

石平　中国は、国際社会に対して、力と謀略さえあれば、何でも片付けることができるとタカをくっています。しかし、そういう成功体験をさせて、彼らに味をしめさせたのは米国であり、日本であったことも忘れてはいけません。

門田　ただし、日本の公安当局は、ただ、手をこまねいて見ていたわけではありません。橋本氏に女性工作員がどういうアプローチで籠絡《ろうらく》し、男女の関係に持ち込んだか、そのかなりの部分を把握していました。だからこそ、この問題は、国会で取り上げられ、大問題になるんです。とにかく、この一件では、中国の工作員のしたたかさと、日本の政治リーダーの脇《わき》の甘さが浮き彫りとなりましたね。先の総理経験者の事務所の私設秘書になって入り込んだ工作員は、自民党の有力議員を、中国旅行によく案内していました。その人物と一緒に行くと、いろいろ便宜をはかってくれて、おまけに有力者とも会えますからね。要は、日本の政治家はそこまで中国に無警戒なんです。しかし、これらを日本の公安当局は把握していました。もっとも、それが、当事者に伝えられることはなかったですね。これを上に報告すれば、その情報を得てきた当局者が、どんな嫌がらせを受けるかわからないからです。ひょっとしたら、理由をつけて、クビにされるかもしれない。だから、表沙汰《おもてざた》になっていないものが多い。しかし、情報収集はかなりの部分、できていたと思いますね。

石平　中国共産党は、もともと悪辣《あくらつ》なんです。そんな中国に自信を持たせたのは、国際社会の側です。国際社会は、中国に対して国際的なルールも、普遍的価値も教えてこなかったわけです。逆に、国際社会に対する失敗、成功、その両方から中国が学んだのは、頼りになるのは、「力のみだ」ということでした。失敗したのは力が足りなかったからで、成功したのはうまく力を使ったからである、と。そう中国は認識し、納得したことをわかって欲しいですね。

習近平のカードを一枚ずつ奪い取るトランプ新大統領

門田　いま、やっと中国の悪辣な現実を国際社会が気づいたわけです。中国はこの一〇〇年の屈辱を晴らすために、これから世界に復讐《ふくしゅう》する。力の論理に基づいて、これからどんどん攻めの姿勢を貫いていく。何十年間にもわたって対中分析をおこなってきたマイケル・ピルズベリーをはじめ、専門家が、やっとそのことを認識したわけです。

石平　ドナルド・トランプが米国大統領に当選した直後、中国国内では「トランプ、与《くみ》しやすし」と歓迎ムードでした。しかしながら、トランプのその後の行動を見ていると、彼は、中国に対する経済戦争に備えて、さまざまな布石を打ってきていますね。

たとえば、当選した翌日に安倍首相と電話会談し、彼をニューヨークのトランプタワーに招いて会談、まずは日米同盟を固めることに成功した。ロシアとも関係改善に乗り出し、中国のロシアカードを無力化しようと動いた。

トランプはまた、北朝鮮とも直接対話するかもしれない。もしそれが成功すれば、さらに中国の米国に対する外交カードを奪ってしまうことになる。オバマに敵対姿勢を示していたフィリピンの大統領をホワイトハウスに呼び込んで懐柔することも考えられる。ばらばらになっているかに思える一連の行動を、「対中国」という一本の線で見るとすべてが繋がってくるわけです。いま示したような布石を着々と打ったうえで、電撃的に台湾の蔡英文《さいえいぶん》総統との電話会談をおこないました。

トランプは台湾を独立させる気など、さらさらない。ただし、これから中国に対して経済戦争を展開していくために、台湾問題を〝カード〟として使うでしょう。

つまり、トランプは習近平のカードを一枚ずつ奪い取っている。その代わりに自分はカードを増やす。二〇一七年は、トランプ政権が本格的に中国に経済戦争を仕掛けていく年ですよ。

欧米を欺き宇宙空間を牛耳る「制天権」も視野に

門田　十九世紀から二十世紀は、人類史上最悪の不幸な時代、ＮＨＫの「映像の世紀」の言葉を借りれば、「世界は地獄を見た」ということになりますが、これまで述べてきたように、その時代を経てようやくつくり出した価値観・秩序を、それ以前の論理で破壊する中国という超大国が二十一世紀になって台頭してきたということになりますね。ここで重要なのは、これまで何度もチャンスがあったけれど、先進国がことごとく老獪な中国に騙《だま》され続けてきたことです。

石平　近代以来の米中関係について、米国はずっと中国に幻想を抱き続けてきたわけです。中国はいずれ良くなる、中国は米国の考え方を受け入れて、きっと良くなる、と。

最初は中華民国の国民党政権にそれを託しました。そして、裏切られました。次に延安の共産党にそれを期待した。またもや見事に裏切られた。鄧小平に託したけれど、これも裏切られました。そして、江沢民にも裏切られました。さすがに習近平にはもう騙されないぞ、といったところでしょう。

門田　二〇一五年にこの『China2049』が出たとき、私は「やっとこういう本が出るようになった」と感慨深かったですね。それだけ南シナ海の問題が大きかったということです。南シナ海のスカボロー礁の強引な埋め立てで、これから中国が「何をしたいか」が、国際社会で、白日の下に晒されたわけです。

いまは就航している空母は「遼寧」一隻ですが、これから、五隻、一〇隻と増えていくのは確実だし、しかも原子力潜水艦は核弾頭を装備した弾道ミサイルを搭載しているわけだから、いつ、どこから、それを米国の主要都市に撃ち込んでくるかわからないことが脅威になっている。そういう時代が訪れたのです。

すでに、宇宙空間を牛耳る「制天権」を目指して、中国は猛然と突き進んでいます。二〇一六年は、中国にとって宇宙事業六〇周年で、「宇宙強国」を世界にアピールするための重要な年でした。ソ連が、米国に息の根を止められたのは、レーガン大統領の時代の「SDI構想（戦略防衛構想）」によってでしたが、中国は、そのことを冷静に分析しています。ソ連は、宇宙からの攻撃と防御に関して、これ以上の資金投入を財政の逼《ひっ》迫《ぱく》から許容できなくなり、米ソ対立に、ついに決着がついたわけです。それで、ゴルバチョフとレーガンのあいだで冷戦の終結が宣言されました。

その歴史を、中国はきちんと見ていた。中国が、キラー衛星計画を推進しているのは、ソ連崩壊の教訓からにほかなりません。中国は、自分たちの普遍的真理の〝構築〟に向かって、突き進んでいるわけです。逆に、米国側から見ると、もうこれ以上進めさせてはいけない危険水域まで、中国は来てしまっていることになります。

遅ればせながら、ようやく、そこに気がついたのです。その意味をピルズベリーも、ピーター・ナヴァロも気づいた。今回のトランプ大統領の側近には、対中国の専門官が少なくありません。中国もこれまでのようには、いかないことを悟っていると思います。

中国放置という選択肢はもうない

門田　米国は、もうこれ以上中国を「放置しないこと」を決めました。放置すれば、ゆくゆく米国が悲惨な目に遭うし、世界が中華帝国に跪《ひざまず》くことになるわけだから、放置するという選択肢は、もうなくなったのです。それは、オバマ政権の弱腰が、より一層、中国の傍若無人な振る舞いを呼び込んでしまったという反省でもありました。

いずれ「米中衝突」は不可避だったのですが、あの二〇一三年九月十日の「もはや、アメリカは世界の警察ではない」というオバマ大統領の宣言で、一気に中国による南シナ海で強引な埋め立てと軍事基地建設が始まってしまった。

だから、対中国戦争は、必然なんです。しかし、中国が仕掛けてきた場合を除いて、武力紛争は避けなければならないことは、米国の対中専門官たちは、十分、認識している。したがって、さきほど話したように、選択肢は「経済戦争」に絞られてくるわけです。

二〇一六年一月にスイスで開催されたダボス会議の席上、巨大ヘッジファンドを運用するジョージ・ソロスが、「中国経済は確実に破綻する」と発言しました。彼が数年間の沈黙を破って公の場に登場して来たことを、全世界が注目しました。このとき、ソロスは中国経済が破綻《はたん》する理由を、「中国における政府、企業、家計、三つの経済のバランスが完全に崩れてしまったからだ」と述べています。

ソロスは、一九九〇年代半ばから、中国企業の債務残高とGDPの伸び率はほぼ同じ割合で伸長してきたことに注目しています。このふたつは一直線に右肩上がりを見せ、中国経済の隆盛の証でもありました。ところが、二〇一〇年以降、債務残高のみが一方的に増えていき、GDPの伸びがまったく追いつかなくなったんです。その結果、債務残高がGDPの二四九％（二〇一五年）となってしまった。これは〝非常事態〟です。九〇年代初めにバブル崩壊した日

トランプ対中国

トランプ		中国
「一つの中国」政策の見直示唆	台湾	台湾問題で取引せず
中国製品への45%の高関税を主張	貿易	健全な経済貿易関係の継続を強調
軍事拠点化を批判	南シナ海	主権の範囲内の行動だと主張
人民元安誘導だと批判	人民元	「為替操作国ではない」と反論

本の展開と酷似しているんです。ソロスは、長年の経験と知識から、中国経済の破綻は「不可避」であり、しかも、その時期は「近い」と見ているのです。

あとは、何かのきっかけを待つばかりです。このタイミングで、米国が、何を仕掛けるか、ということです。経済戦争を仕掛けるというのは、そういう意味です。中国企業は、過剰な債務で青息吐息《あおいきといき》ですから、経済は、大混乱に陥るでしょうね。

米国は、一九八〇年代に、貿易赤字の六〇%以上が対日貿易で占めたことから、日本に対して、「プラザ合意」（一九八五年九月）を仕掛けました。日本は、これによって、急激な円高ドル安を呑《の》まされ、輸出産業、特にその下請け企業が、大打撃を受けました。

いま、中国は、米国の貿易赤字の、およそ半分を占めています。まだ、八〇年代の日本には及びませんが、大統領選のときに、すでにトランプ氏は、中国製品に「四五%の関税をかける」と発言し、「中国は為替操作国だ」とも、明言していました。最近は、日本も同じように為替操作国だと言っていますが、いずれにしても、どういう手法で中国の経済破綻の背中を押すか。それが、徐々に見えてきている気がしますね。

もちろん、中国の経済破綻は、世界中に大きな影響を及ぼしますから、軍事上も含めた「中国リスク」にどう立ち向かうかということをトランプ政権は、徹底的に分析したうえで、中国との経済戦争の「第一歩」を踏み出すと思います。いま、中国の外貨準備高は急速に減少していますからね。中国が、どう耐えていくか、見ものです。

予断を許さない一七年秋の党大会の行方

門田　二〇一七年十一月に第一九回共産党大会が開催されます。そこで習近平がいまのまま権力を維持できるかどうかは、そこまでの情勢にかかっています。経済破綻が起きたり、それに前後して経済的な危機が出現してきたら、党大会が、どう転ぶかわかりません。

反腐敗運動によって、習近平が共産党内で、それぞれの勢力に大きな恨みを買っているのは事実です。習近平は、精華大学卒業後、その栄光のキャリアを、中央軍事委員会弁公庁秘書からスタートさせています。つまり、彼は、もともと抜群の軍の人脈を持っているんです。だからこそ、軍事委員会副主席だった郭伯雄《かくはくゆう》や、同じく軍事委員会副主席の徐才厚《じょさいこう》といった両元上将などの大物をあそこまで追い詰め、粛清できたんです。あれは、いかに習近平が軍に対して、強力な基盤を築いていたかを証明するものでもありました。

しかし、ここまで一定の勢力に恨みを買ってしまうと、何かのきっかけで、一気に流れが反転する可能性は否定できません。私は「江沢民派」だの、「共青団派」だの、「太子党」だのといった〝色分け〟についてはあまり信用していません。そもそも、みな若い頃から共青団に属していたのだから、「共青団派」などの色分けの意味がわからない。しかし、心のなかで、習近平に対して、ことあらば叛旗《はんき》を翻そうとしている人たちが多いことは間違いありません。

習近平体制のネックとなるのは、米中の軍事衝突ではありません。それがあれば、逆に国内は「固まる」はずなんです。やはり、米国がわからないように仕掛けてくる経済戦争こそ、習近平がもっとも恐れるものだと思っています。

中国側が予期しなかったトランプの対中強硬人事

門田　実は、中国はトランプに対して、多彩なルートを持っています。第一に、NYのトランプタワー内には、中国工商銀行が入居しています。不動産大手でサッカーのスポンサーとしても名を馳せている中国恒大集団とトランプはビジネス面で、深い関係にあります。しかも、トランプが並はずれたビジネスセンスの持ち主であることも忘れては

トランプ政権の対中強硬派、親台湾派、親中派

役　職	対中強硬派対
国務長官	**レックス・ティーラソン**（64） 米石油メジャー、エクソンモービルCEO。ロシアのプーチン大統領と親交。南シナ海での中国の軍事拠点づくりには「中国に人工島建設をやめるように明確なシグナルを送る必要がある」と発言。
国防長官	**ジェームズ・マティス**（66） 元中央軍司令官。海兵隊出身で、アフガニスタンとイラクの2つの戦争で部隊を指揮した。軍部からの信頼が厚く、トランプ大統領もアジア外交を一任している。「狂犬」との異名を持つが、読書家であり、戦争史や軍隊に関する蔵書が7000冊超（詳しくは本文参照）
大統領補佐官（国家安全保障担当）	**マイケル・フリン**（57） 対テロ戦争、とくに情報戦の専門家であり、DIA（国防情報局）の局長を務めた。マティス同様、アフガニスタンとイラクの戦争に陸軍中将として従軍。オバマ政権の中東戦略を批判、IS殲滅を掲げる急先鋒でロシアとの関係改善をつよく望む
国土安全保障長官	**ジョン・ケリー**（66） 海兵隊退役大将。イラク戦争で戦場を指揮し、中南米を担当する南方軍司令官を最後に退役した。テロや麻薬の脅威が国境を越えて米国に入り込むと警戒、メキシコ国境の壁建設や、イスラム教徒の入国禁止などの政策で重要な役割を担う。
役　職	**親台湾派**
共和党全国委員長 首席大統領補佐官	**ラインス・プリーバス**（44） 15年10月台湾を訪問、蔡氏と面会
国家通商会議議長	**ピーター・ナヴァロ**（67） 台湾への武器供与を拒み続けたオバマ政権を批判。（詳しくは本文参照）
米下院軍事委員会で海軍力小委員会委員長のアドバイザー	**アレキサンダー・グレイ** ナヴァロ氏とともにアジアの同盟諸国を支援するため、米国はレーガン政権時代の「力による平和」構想に回帰すべきだと主張。そのためには防衛予算の強制削減措置を廃止し、米海軍の保有艦船数を350隻に拡大する必要があると唱えている
元上院議員	**ボブ・ドール**（93） 共和党主流派の重鎮のなかでいち早くトランプ氏を支持
保守系シンクタンクヘリテージ財団の創設者	**エドウィン・フルナー**（75） 反中派として有名。蔡氏との電話協議の立役者の一人。ワシントンの大半のシンクタンクがヒラリー支持に傾くなか、ヘリテージ財団はトランプ支持。16年10月に訪台
元国連大使	**ジョン・ボルトン**（68） 12年に訪台した際に「台湾は正式な国家であり、国連加盟の資格がある」と言い切った。（詳しくは本文参照）
役　職	**親中国派**
元アイオワ州知事 中国大使	**テリー・ブランスタド**（70） 習近平国家主席と親交がある

なりません。

彼は、ビジネスの鉄則から、中国を見ています。つまり、このままビジネス面でも、中国を放置しておくならば、さらに取り返しのつかないことになることを彼が自覚しているのだと思います。

トランプは台湾総統・蔡英文との電話会談の三時間前に、入念にレクチャーを受けていたことが、その後、判明しています。その際に、南シナ海問題について、「もとに戻せないのか！」と、叫んだことまで報道されています。その上でトランプは蔡英文総統を、「プレジデント・オブ・タイワン」と呼んだのです。

中国側は、ヒラリー・クリントンが大統領になることを恐れていました。だから、トランプの勝利に、当初、拍手喝采をしていたのです。クリントンの反中姿勢は明白でしたからね。あの尖閣での中国漁船による海上保安庁の巡視船への衝突事件の際も、尖閣が日米安保条約第五条の適用区域内であることを明言され、中国にとっては藪蛇になってしまいました。クリントンの存在は、本当に中国にとって憂鬱《ゆううつ》の種だったのです。

そんななか、トランプが当選するという番狂わせが起こった。

ところが、その後のトランプの動きは中国側の予期せぬことばかりでした。最大のシヨックは、これまで再々、名前の出ているピーター・ナヴァロ・カリフォルニア大教授です。

この人事に、中国は、本当に唖然《あぜん》としましたね。貿易政策をはじめ、通商全般を取り仕切る新設の「国家通商会議」のトップに、彼が起用されたわけですからね。これは、トランプ新体制の〝目玉〟ですよ。そこに、「対中強硬派」、私に言わせれば「対中現実派」で知られ、『米中もし戦わば』や『中国は世界に復讐する』、『中国による死』などの著書を持つナヴァロが就いたわけですから。これでトランプの意図が明確になったと言えると思います。

「狂犬」と呼ばれる米国防長官が訪日した狙い

門田　そして、なんといっても中国にとって脅威なのは、国防総省ナンバー・ワンの戦略家、ジェームズ・マティス元海兵隊大将を国防長官に抜擢したことです。米統合戦力軍司令官を務めたマティス氏は、七千冊の蔵書と、部下に歴史を学ぶことの重要性を説き続けた司令官として知られています。言うまでもなく、アジア太平洋地域の平和と安定が、「どう中国を抑え込むか」にかかっていることを熟知している専門家です。

トランプの信認も厚いジェームズ・マティスと安倍首相

©共同通信社/amanaimages

来日したマティス氏は二月三日、安倍首相との会談で、「われわれは一〇〇パーセント、しっかりと肩を並べて首相、そして日本国民を支持していく。安保条約第五条が一年前と変わらず、さらに五年前でも、一〇年先でも、変わらず重要であると考えていることを明確にしておきます」と明言し、中国を牽制しました。

トランプ大統領は、その五日前に、わざわざ安倍首相との電話会談で、「マティス国防長官を日本に派遣するのでよろしく。彼は専門家なので、いろいろ話して欲しい」と語っています。就任後わずか二週間のマティス氏を訪日させたのは、トランプ政権がそれだけアジアにおける対中戦略を重視している証左です。マティス氏は、軍事力を行使することの怖さを熟知している軍人でもあるわけですから、逆にいえば、対中戦略の中心は、〝軍事力以外〟というものになります。だからこそ、経済戦争がクローズアップされてくるわけです。

ここまで中国に詳しい人物が重要ポストに就いたのは、米国が中国に対して経済戦争に持ち込むことを宣言したようなものです。彼らがどうやって中国経済崩壊への第一歩に踏み込むのか、二〇一七年以降の大きな注目点ですね。

過度に「経済成長」に依存する脆弱な習近平体制

石平　米国が仕掛ける経済戦争は、中国共産党政権のいちばんのアキレス腱《けん》を攻めることになります。私は、米国がずっと中国に騙され続けた歴史に、トランプ政権は終止符を打つのだと思っています。そのために、トランプはいままでの枠組みを完全に〝無視〟するはずです。

では、実際に、経済戦争が中国の本丸に一撃を加えることができるのかどうか、そこを考えてみたい。

一般論的にいうと、中国は米国と覇権を争い、アジア支配、ひいては世界支配を目論んでいます。その背後には、いうまでもなく軍事力が存在する。しかし、軍事力とは経済力、つまり、国の持つ総合力のうえに成り立つものです。したがって、経済の土台が致命的な状況に陥れば、理論的には軍事力も伴わなくなる。つまり、中国の覇権主義戦略自体も崩れていくわけです。

鄧小平時代以来、特に天安門事件以降、経済成長、あるいは経済面における成功は、中国共産党政権の政権維持のきわめて重要なバロメーターでした。はっきり言えば、毛沢東時代は経済成長をしてもしなくても、あるいは経済政策が大失敗に終わったとしても、共産党政権の維持には、ほとんど関係がなかった。毛沢東が別のやり方で政権を維持できたからです。

天安門事件以降、共産主義のイデオロギーが崩壊したあとに、共産党政権を維持してきたイデオロギーは「愛国主義」でした。そして、もうひとつの土台として、これを支えてきたのが経済成長だったのです。経済さえ成長すれば、国民の不平不満はある程度吸収できたし、中国共産党政権を正当化もできたわけです。要するに、共産党が中国を成長させた「証《あかし》」になったからです。

しかし、逆に言えば、ひとつの政権、ひとつの国内政治体制がこれほど経済成長という土台のうえに成り立つことも珍しい。たとえば、日本の場合、いまの安倍政権が政権維持を実現している要因として、たしかにアベノミクスという経済政策が寄与はしていますが、仮に、いまの日本の民主主義社会で経済がダメになったとしても、現在の体制が崩壊するかどうかは別の問題になります。

ひるがえって、いまの中国共産党政権は、自らの運命を経済に託しています。いうまでもなく、経済とは、もっとも不安定な要素です。理論的に、永遠に成長を続ける経済などありませんからね。つまり、政権の運命を経済成長に託することは、政権自体の「首を絞める」ことに繋がるのです。

さらに、中国の経済成長、あるいは経済面における成功そのものが非常に脆弱《ぜいじゃく》であって、無理に無理を重ねてきた結果であることを忘れてはなりません。つまり、中国経済に外部から致命的な一撃を与えるのは、そう難儀なことではない、ということなんです。

中国経済に致命的な打撃を与える輸入関税四五%

石平　政府、企業、家計のバランスにおいて、中国の場合、家計部門の支出が決定的に不足しています。本来、健全な経済であれば、家計、つまり一般消費が国家を支えているはずであり、これが経済の常識ですよね。

ところが、中国では、そこが思いっ切りいびつな格好となって表れているんですよ。その象徴的な数字が個人消費率です。ＧＤＰに対しての個人消費支出の割合が日本は六〇％、米国は七〇％。それだけ家計部門が国家を支えているわけです。では、中国はどれほどなのか。いまだに三五％前後に留まっているのです。

このことは、裏を返せば、中国経済の六割以上を企業と国家が一体となって支えていることを意味しています。家計がお金を使わなければ、政府が代替する以外にない。その主だった方法は、公共事業への投資、あるいは不動産開発への投資です。国民消費の不足を国家の投資が補う形で進められているわけです。

中国国内の消費不足をカバーするために取られてきたもうひとつの手段は、輸出です。要は、米国人や日本人の財布を狙ったわけで、ここ四半世紀、中国は対外輸出額を毎年二五％以上伸ばして、経済拡大を牽引《けんいん》してきた。それほど、輸出頼みの経済だったわけです
しかし、中国の輸出の最大の相手国は米国です。米国に対して中国製の廉価な製品を大量にダンピングして輸出してきました。知ってのとおり、米国のスーパーマーケット

やディスカウントショップに行くと、中国製の安い衣料品が氾濫《はんらん》しています。日本人はそうでもないのですが、米国人はうず高く積まれる安物の衣料品を好んで買う傾向があります。そこが私には不思議なのですが、それが米国の実相なんですよ。

門田　トランプが手を突っ込もうとしているのは、まさにそこですよね。これまでの中国の不当な対米輸出攻勢のために、米国の七万数千にもおよぶ工場が閉鎖となった、としている。それは不公平であるとして、トランプは四五%もの輸入関税をかけると言い出したわけですよね。

中国の主要輸出先である米国。これを、関税の大幅引き上げによって阻止すると宣言しているわけです。実行されれば、中国経済に深刻なダメージを与えることになります。

とどめの一撃となる中国からの資金引き揚げ

石平　しかも、それはトランプの国内政策、あるいは支持基盤の要望とぴったり合致するわけです。さらにいえば、中国の輸出をシャットアウトすることが、中国経済に致命的な打撃を与えることにもなるわけです。、米国国内の産業を擁護し、中国の輸出攻勢によって仕事を奪われた労働者たちの支持をさらに集められるわけです。トランプにとって、中国に対する経済戦争は一石二鳥の大変なメリットがあることになります。

もうひとつのトランプの対中経済政策のポイントは、中国に出ていった米国資本の呼び戻しにあります。これまで中国経済を支えてきたのは外資の大量流入であり、米国資本がその主力をなしていた。すでに二〇〇八年以降、米企業の中国脱出は始まっていますが、これからは政策的に、これまで以上に推進していきます。メインは、米国に回帰した企業に対する減税や各種優遇措置でしょうね。

中国経済における深刻な問題として、国内の人件費の高騰と、人治主義にまつわるさまざまな中国的なコスト上昇が挙げられます。実際、総合的には、徐々に、中国で生産するよりも米国本土で生産するほうが割安になってきているんです。米国のみならず、日本企業の中国脱出は二〇一〇年から始まっています。外国資本の引き揚げが、これからさらに顕著化するのは、たしかです。つまり、もともと脆弱な中国経済の土台が、どんどん揺らいでいくということですよ。

門田 これまで、米国に本社を置くGMをはじめとする錚々《そうそう》たる大企業が、中国に進出し、大儲《おおもう》けをしてきました。そして、片方では、中国からの輸出により、米国の中小企業がバタバタと倒れてしまいました。言わずもがなですが、トランプはある意味有能なビジネスマンゆえに、勘がいいですよね。

要するに、これまでは、米国の大企業は中国を利用して大儲けができた。しかし、自分の支持層である白人下層はその中国のために職を失い、塗炭の苦しみを味わっている。トランプはそれをとらえて、ＧＭはじめとする大企業に対して、「お前たち、いい加減にしろよ！」と迫ったわけです。

白人労働者階級の救済と米国大企業の中国からの撤退加速。トランプはこの両方をやっていくつもりです。そして、ドル・人民元の為替をもっと適正なものに変えていく。

中国は、現状でも、借金まみれで大変です。二〇一五年末の時点で、中国の債務残高は一六八兆元（約二六〇〇兆円）で、ＧＤＰの二四九％に達し、うち企業分が一五六％を占めています。本当に、トランプにとっては、中国経済に致命的な打撃を与える手はいくつもあるということですよね。

石平　海外勢が中国国内投資を引き揚げれば、中国経済は致命的な状況となります。それが、中国の不動産バブルにとどめの一撃となるからです。

海外に資金を引き揚げられてしまえば、当然ながら、不動産バブルの維持は不可能です。知ってのとおり、すでに中国の株式バブルも、一度、崩壊してしまった。

中国の輸出向けの産業に致命的打撃を与え、同時に、中国の不動産バブルを崩壊させる。そうなると、中国経済には何も残らないですよ。

第四章　経済大崩壊で中国瓦解の可能性

理念よりも利益を重んじる中国人は変革ができる

門田　そんなありえない非現実的なことを、と石平さんに責められるかもしれませんが、私自身は、中国内部からの改革に期待をかけている一人です。中国というのは、「利」があると判断したならば、「理念」にとらわれることなく、柔軟かつ大胆に変革することができる国でもあるからです。

ご承知のとおり、中国は一九四九年に建国してから、毛沢東の大躍進政策で三〇〇〇万人を超える餓死者を出して大失敗すると、劉少奇《りゅうしょうき》と鄧小平がこのままではダメだということで、合理主義を取り入れて改革を断行した。その反動と、巻き返しをはかる毛沢東との権力闘争が、あの文化大革命となりました。膨大な犠牲を払った末、四人組（文化大革命を主導した江青《こうせい》、張春橋《ちょうしゅんきょう》、姚文元《ようぶんげん》、王洪文《おうこうぶん》のこと）が失脚、鄧小平が復活して改革開放路線に進んできた、という歴史的経緯があります。

このように中国は短い期間に凄《すさ》まじい〝変化〟を遂げる力があるのもまた事実です。先にも論じましたが、一九七〇年代の終わりから一九八九年までは、世界の普遍的な正義や価値観に中国の知識人たちが近づいたこともあったのです。こうした歴史の事実を鑑みると、中国は、硬直しているように見えて、いざとなればパパッとドラスティックに変わることができる国なのだと、私は見ています。

世界史を振り返ってみれば、中国のほかにも、レーニン、スターリンを輩出し、もっとも頑迷固陋《がんめいころう》であった社会主義の宗主国・ソ連でさえも、ゴルバチョフが登場し、次いで、エリツィンも現れました。このままいったらどうなるのだという国には、必ずといっていいほど改革派の人物が舞台に登場してくる。

中国の第五世代にあたる習近平は残念ながら、そういう役割でも、人物でもなかったのでしょう。たしかに習近平の次の世代には、習近平以上に強硬路線を敷く指導者が現れ、さらなる「中華民族の偉大なる復興」を掲げて、世界をなぎ倒しに行くのかもしれない。けれども、それとはまったく逆に、改革派が出てくる可能性もあるわけです。

豊富な人材が中国の強み

門田　たとえば、石平さんのような、海外で学び、見識を深めた人物は少なくないはずで、そうした人材が、中国共産党のなかで台頭してくる可能性もあるでしょう。「わが党の路線をこのまま突き進めば、世界の破綻《はたん》を招くか、中国を破滅させるかのどちらかだ」と考え、党の路線変更を促す。そして、もはや「ハードランディングしかない」（ジョージ・ソロス）と言われている中国経済を、なんとかソフトランディングさせる方向に舵を切る指導者が、出てくるかもしれません。いや、ひょっとしたら、いまでも政治局委員や中央委員のなかに、いるかもしれません。

なにせあの文化大革命で失脚し、二度と表舞台に出ることはなかったはずの鄧小平が復活し、改革開放路線を陣頭指揮した国です。そんなことを当時、誰が予測できたでしょうか。また、世界で共産主義のドミノ倒しが始まったときに、中国では民族主義が勃《ぼっ》興《こう》し、中国共産党だけが生き延びることができたわけです。

あるいはそれは「歴史の悪戯《いたずら》」だったのかもしれません。ところが、第五世代のトップとして期待された習近平は、非常に頑迷固陋な力を信奉する「独裁者」でした。

現在においても、共産党内部のきわめて熾烈《しれつ》な権力抗争のなかで、いつ暗殺事件が起こるかわからないような不安定さを習政権は抱えています。しかし、「中華民族の偉大なる復興」が彼の旗印だから、トップにいるかぎりは、いまの強権路線をやめることはないでしょう。

では、毛沢東時代の鄧小平や劉少奇のような人物が出てこないかといえば、いつまでも世界に向かって版図を広げること、力による現状変更を正しいと信じる指導者が、「今後も絶対に続いていく」とは言えないはずです。

たびたび述べてきたように、中国の人たちは賢いから、自分たちの本来の意図をひた隠して、長い長い経済修復の期間を、まるで〝托鉢僧《たくはつ》〟のように振る舞いながら、世界の目を欺《あざむ》いてきた。しかし、今後は、必ず生じる世界との軋轢《あつれき》のなかで、中国は路線転換をおこなうか、滅亡するかという岐路《きろ》に立たされます。そのときに柔軟で開明的な指導者が出てくる可能性に、私は期待しているのです。

未来のことは、もちろん誰にもわかりません。しかし、あの文化大革命の際、毛沢東から資本主義を目指す「走資《そうし》派」と糾弾され、打倒された鄧小平は不死鳥のごとく復活しているのです。そして、共産主義は実質捨てられ、共産党独裁体制だけが残ったけれど、改革開放路線を敷いた鄧小平は、国家主席や総書記でもないのに、いまの中国の土台を築いたわけです。そういう希望が、どうしても頭から離れません。

「韜光養晦戦略」で世界を欺いた鄧小平

石平　実は、一九七八年に鄧小平が復活したとき、米国も同じ期待をしました。鄧小平が出たことで、中国は徐々に民主化し、普通の健全な国になっていき、やがて国際社会の一員になると期待したわけです。

そんな鄧小平の中国が、一回目にミソをつけたのがあの天安門事件でした。それでも米国は鄧小平に期待をかけた。鄧小平は米国の期待を逆手に取って、門田さんがいまおっしゃったように「韜光養晦《とうこうようかい》」という戦略を打ち出しました。韜光養晦とは、自分に力のないときには、野望を一時覆い隠して、〝ソフト〟な顔で世界と向き合うという意味です。

韜光養晦で鋭利な爪を隠しながら、世界中から資金と技術を自国に吸い込むだけ吸い込む。そして、中国経済を成長させる。しかし、それはあくまでも、手段にすぎない。米国や世界中が、いかに鄧小平に期待したところで、鄧小平は考えを変えたわけではなかったのです。鄧小平のなかでは、実質、何も変わっていなかった。ただ、手段を変えただけでした。中華帝国の野望を遂げること。共産党の独裁政権を維持すること。この思いは、毛沢東と鄧小平とでは、寸分も変わっていなかったのです。

鄧小平のできない仕事をやってのけた習近平

石平　鄧小平が引退すると、江沢民が新しい指導者の座に就きました。中国共産党において、大学で教育を受けたテクノクラートが指導者になったのは、江沢民が初めてでした。それまでの共産党上層部の出自はといえば、みなゲリラ部隊時代の闘士たちだったからです。

江沢民政権になって初めて、知識人、経済に長《た》けた人材が幹部に登用された。江沢民自身がバリバリの知識人で、英語、フランス語に堪能で、日本語も多少は喋《しゃべ》れた。音楽への造詣《ぞうけい》も深く、クラシックもよく聴く。社交ダンスも踊れた。しかし、そのような中国初の知識人指導者が何をしたかというと、「反日政策」と国内の「愛国主義教育」でした。

二期一〇年続いた江沢民政権の後を継いだのが第四世代の胡錦濤《こきんとう》で、彼もまた別の意味での知識人です。清華大学を卒業して、共産党青年団で頭角を現したエリートだったのです。

ふたたび二期一〇年かけて、胡錦濤がおこなったのは、ある意味では鄧小平の韜光養晦の延長といえました。北京五輪の成功を通して、国威を発揮させる使命があったため、世界中と仲良くしました。胡錦濤の最大の功績が北京五輪開催とその成功であったことに疑いはないが、実は「海洋強国」といういまの南シナ海進出にも通じるスローガンは、胡錦濤政権時代に掲げられたものだった。それはたしかに習近平政権時代から急速に加速しましたが、もともとは胡錦濤政権時代に仕組まれたものだったのです。

次の第五世代として誕生したのが習近平政権です。では同政権になって、ついに中国は韜光養晦戦略を捨てて、赤裸々な覇権主義政策を推し進め始めた。

むしろ毛沢東から鄧小平、鄧小平から習近平まで、私からすれば、一貫したひとつの線で貫かれているように見えます。連続性があるのです。毛沢東が共産党独裁体制の大帝国を築いた。ところが、経済はガタガタになってしまった。鄧小平が経済を立て直すために韜光養晦戦略で、西側と仲良くして、資金と技術を導入しました。そして鄧小平の韜光養晦戦略が目的を達成したいま、習近平は鄧小平のつくり上げた経済力と軍事力という土台のうえで中華帝国の野望実現に燃えている。習近平はむしろ鄧小平の真の〝後継者〟といえるのです。鄧小平が構築した大国で、習近平は鄧小平のできなかった仕事をやってのけようとしているという評価もできるわけです。

鄧小平はたしかに毛沢東との熾烈《しれつ》な権力闘争をおこないました。とはいえ、鄧小平にしても、劉少奇にしても、毛沢東にしても、共産党独裁政権を死守するという〝大前提〟に関しては何の変わりもなかったのです。

中国では一九五七年に共産党批判の激化に対する「反右派闘争」が起きました。そこで一気に五七万人の知識人が粛清されたのです。反右派闘争で陣頭指揮を執ったのはあろうことか、鄧小平ですよ。鄧小平はたしかに開明政策を採って、中国を豊かにしたが、彼にとりそれは、あくまで「手段」であって、「目的」ではなかったのです。まさに門田さんがおっしゃったように、自分たちの目的を達成するためなら政策、つまり手段を柔軟に変える。しかし、そのときでも、目的そのものは「不変」だったんですよ。

共産党独裁政権が維持できなければ中国は成り立たない

門田　いまのお話は、まさに共産党の共産党たる所以《ゆえん》の指摘ですね。反右派闘争で陣頭指揮を執ったのは、開明的な鄧小平本人だったということですが、私は共産党の行動原理を考えるうえで、「死」という問題を切り離すわけにはいかないと思うんですね。鄧小平の行動もそういう観点から見なければなりません。その意味において、一九八九年の六・四（天安門）事件は、共産党にとって非常に大きな衝撃でした。いうまでもなく共産党員にしてみれば、「生と死」の問題で、もし共産主義独裁政権が倒れるようなことがあれば、のちにルーマニアの独裁者・チャウシェスクがされたように、中国共産党の指導者たちは処刑を免れなかったわけです。

ただでさえ、共産党独裁政権は凄まじい弾圧によって政権を維持しています。したがって、これが倒れるときは、即刻、自らの「死」を意味するわけです。だから、鄧小平が共産党を守るために、すなわち、自分たちの命を守るために、大弾圧という必死の行動に出たのは不思議でもなんでもない。

同様に、いまの習近平政権が言論弾圧を強化しているのも、共産党独裁政権の維持のためにほかなりません。中国の人たちには、膨大な西側の情報がインターネットを通じて入ってくるし、海外へ出た中国人自身が他国で見聞きしたり、経験したりして、自国へのさまざまな疑問が膨らんでくる。そういった批判を厳しい締め付けによって、綻《ほころ》びが出ないように統制しているわけです。共産党独裁政権が維持できなければ、中国は成り立たないわけだから、そうするしか方法がないのです。

ここは重要なポイントです。

私は昨年（二〇一六）一月におこなわれた台湾の総統選に一人の中国人を連れて行きました。選挙戦の現場を見せたかったからです。すると、やはり、彼は非常にショックを受けたんです。特に民進党は、人々の郷愁を呼び起こすよう、さまざまな手法を用いて、集会参加者全員を感動させるように盛り上げていきますからね。台湾人のアイデンティティを前面に打ち出して、熱狂と感動の渦のなかで、集会を見た彼は、驚きを隠せませんでした。

自分たちの政治リーダーを直接投票で選ぶ光景を目の当たりにした彼は、こう言いました。「中国では何世紀も先にならないと無理だ。まともな民主選挙ができるはずがない。そういう民度がそもそも存在しないし、本当に選挙をやろうとしたら、買収が横行する。ひょっとしたら、殺し合いが起こるかもしれない。さまざまな面から、中国では、選挙で国家のリーダーを選ぶなんて不可能だ」と。そして、「だからこそ、独裁政権が成り立っているのだ」と、彼は言い添えました。

独裁政権でなければ、あの中国を率いていくことはできないのです。第二世代の最高指導者となった鄧小平の気持ちを斟酌《しんしゃく》すれば、日本人や米国人が簡単に「民主化しろ」と言うが、そんなに簡単にいくわけがないだろう、といったところでしょう。おそらく、鄧小平にもわかっていたのです。「民主化への道などと、何をバカなこと言っているのだ。それは、まだまだ、ずっと未来のことだ」と。

民主化要求の嵐という混乱に突入していけば、中国は四分五裂して共産党独裁政権は機能不全を起こし、大変な状況に陥ることになる、と鄧小平は判断したのです。

いかんせん中国の民主化とは中国共産党の死を意味し、己の死にも直結するのです。第二章で私は方励之氏の言葉を紹介しました。普遍的な民主、自由というものは、秩序を重んじ、ルールを守り、相手を重んじ、尊重し合うという社会の「土台」がなければ、飛行機が離陸するために滑走路が必要なように、それは成り立たないのです。それがない国に、民主主義が根付くわけがない。そのことを中国の知識階層は知っているわけです。

けれども、いつまでも言論弾圧が続いて、表現の自由も言論の自由もなく、思想の自由も制限されているような生活や体制は、徐々に変わっていかなければいけません。普遍的な幸せの方向へ導いていかねばならないのです。

だが、いまは中国への返還時に一国二制度が保証された香港で起きた「銅鑼湾《トンローワン》書店事件」を見てもわかるように、弾圧・弾圧・弾圧で治めていく独裁者習近平による恐怖政治が進んでいるのが実情です。

米中経済戦争に疲弊すれば新しい人物が現れる

門田　もし、鄧小平がいまとは違う体制の五〇年後に中国に現れていたら、きっと別の政策を採ったに違いないと、私は思います。しかし、あのとき、鄧小平は、共産主義を維持したまま、中国経済を発展させなければならなかった。

習近平の中国に、いまの台湾のような総統選挙をおこなえるはずはありません。台湾の選挙にショックを受けていた中国人も、中国の大学を出て、社会人になってからは外国で働いていますが、そんな彼も、鄧小平と同様の考えを持っているわけです。いまの中国を維持するためには、独裁でなければならない、と。

今回の対談で論じてきたとおり、二〇一七年から間違いなく、偉大なる中華民族の復興を掲げる中国と、それを阻止して中国を真に国際秩序に組み入れようとする側との凄まじい経済戦争が繰り広げられます。トランプ新政権の重要閣僚の顔ぶれやホワイトハウスの陣容を見れば、「中国潰《つぶ》し」であることは一目瞭然《いちもくりょうぜん》です。

トランプは関税、為替で中国を攻める一方で、不動産バブルにとどめを刺しにくる。

米中激突のなか、多彩な人材を擁する中国側に、「ソフトランディング」のほうが有利ではないかと考えるテクノクラートが出てくる可能性が、私は「ない」とは言えないと思います。経済戦争の渦中にあって、混乱状態に陥った中国に、どのような人物が現れ、どう導いていくか、そこに私は注目しています。

三国志ではないけれど、中国の歴史とは、王朝の勃興と衰退のくり返しで、その折々に多様な人材を輩出してきました。辛亥《しんがい》革命（一九一一年）が成り、さらに、毛沢東が中国の共産革命を成し遂げたように、米中経済戦争で疲弊した中国に人物が現れるのではないか。

私は、ゴルバチョフまでとは言わないが、それに近い独裁色の薄い鄧小平のような人物が現れないものかと期待しているのです。

重要なのは経済戦争のその先

石平　それが五〇年後ならそういう指導者が出る可能性は、否定できません。ただそれは一種の哲学的雑談の席で語ることであり、現実を鑑みて、アジアや日本の平和を守るため、中国問題にどう対処するかを考えるうえでは、現実性に乏しいと言わざるをえません。

戦略上、今後日本が、米国とアジア諸国と連携して中国と本気で戦うならば、中国に良き指導者が現れて、中国が変わることを前提としてはいけません。そういう甘い前提をしたら、逆に日本の破滅を招くからです。

門田さんの期待が中国で実現する可能性は理論的にはある。だが、現実的にはおそらくない。だから、『China2049』を書いたマイケル・ピルズベリーも騙《だま》されたのです。彼が騙された思考の論理は、申し訳ないけれど、いまの門田さんが抱く期待と、私から見ればそうは変わらない。彼が騙されたのちに、門田さんがもう一度騙されるかもしれない（笑）。

門田　それでは私の意図が石平さんに正確に伝わっていないということになります。マイケル・ピルズベリーは見事に騙されたけれど、私は、「中国に騙されるぞ」と警鐘を鳴らしていたほうの立場です。

具体的にいうと、私はこれから中国に対して経済戦争を起こさなければいけない、それは必ず起こるのだという前提に立っています。つまり、中国が自ら変わるのを期待して眺めている立場ではなく、経済戦争によって、暴走する中国が世界侵略の野望を諦《あきら》めるまでは「力」でもってねじ伏せなければならない、という立場です。私が中国に期待するとしたら、そこから先のことです。

世界経済の多大な犠牲のもとに、せっかく経済的に疲弊させた中国から、またぞろ軍拡を推進する独裁者が出るのではたまらない。そうならないために、賢明な指導者が出て路線変更ができるよう、外から圧力をかけるのです。

経済戦争を仕掛ける責任とは何か？　次、そしてその次まで〝見越して〟、戦いに臨まなければならないということです。私は何もしないで自然に中国に優れた指導者が生まれてくると言っているわけではありません。

中国には鄧小平もいた、劉少奇もいた、胡耀邦だっていたように、さまざまな人物が出てきた。そういう国であることをわれわれは知っている。単に、経済戦争を仕掛けて、あの中国を経済的に攻略してしまえと、私は言っているわけではない。その先が重要だと言っているのです。

体制を変えるには習近平の徹底的な失敗しかない

石平　門田さんの言うとおり、新しい考え方の指導者が出てくるシナリオの条件としては、習近平政権のいまの路線が、財政的にも外交的にも徹底的に「失敗に終わること」でしょう。実際、中国共産党政権はこのままいけば潰れる、このまま経済が崩壊し、国際社会では孤立し、にっちもさっちもいかなくなるのは目に見えています。

では、中国共産党は習近平の道連れにされるのか、それとも新しい指導者を担ぎ出して方向転換を図るのか。後者の可能性はたしかにあります。

もうひとつは、共産党独裁体制そのものが押し潰されて崩壊するシナリオでしょう。新しい人が出て、新しい体制のもとで、思想も変える。そういう可能性はあるかもしれません。ただし、大きな失敗、徹底的な失敗を犯さないかぎり、この転換は難しいでしょう。

ところで、あの鄧小平は、実に見事な政策の方向転換を図ったわけですが、一九五〇年代の彼は改革を求めるような考えの持ち主ではありませんでした。むしろ先に述べたように、思想も政治手法についても、毛沢東とそう変わらなかったのです。

彼を変えたのは、毛沢東が打った大躍進政策が経済的に徹底的に失敗に終わったからでした。そこで劉少奇と二人三脚で経済を立て直しにかかった。さらに彼の考えが決定的な方向転換をしたのは、文化大革命で一〇年間、彼自身も失脚し、工場労働に追いやられて、毎日悶々《もんもん》とさまざまな思索を重ねたからでした。そして、彼なりの結論に至り、彼自身の考え方を固めたわけです。

それにしても、毛沢東の政治は滅茶苦茶でした。経済はほとんど崩壊寸前で、国全体は生き地獄の様相を呈した。毛沢東時代の晩期において、共産党の幹部も極限の苦しみを味わったわけで、毛沢東時代とは、四人組以外のすべての中国人が〝被害者〟となった悲惨このうえない時代だったのです。

もはや中国全体が貧しく、ぎりぎりの極限にまで落ち込んだとき、変革を唱える鄧小平が復活してきた。当時を知る人たちに訊《き》くと、毛沢東が共産党の独裁政治を文化大革命という極端な形で推し進めなければ、鄧小平の改革も生まれてこなかったと、異口同音に語るわけです。

鄧小平は改革開放以来、中国の経済を立て直しました。そして、中国はふたたび国力の強大化を果たしたわけです。さきほども述べたように、習近平は鄧小平がこしらえた土台のうえで、むしろ鄧小平の本来の考えかた・路線を受け継いで、さらに大きなことをやろうとしているし、いま、勢いに乗っている。今後中国が世界の覇権を求めるという路線は、誰も変えることはできないでしょう。

唯一変わる可能性があるとすれば、くり返し述べてきたように、このまま路線を変えなければ、共産党そのものが崩壊する状況に追い詰められたときです。彼らの最後の判断基準は、中国共産党政権を守れるかどうか。政権を守ったうえで、さらに中華帝国を復活できるかどうかなのですから。

共産党政権そのものは、習近平のやり方では崩壊する以外ないのだろうと私は見ています。その時点で、門田さんが示した反動が出て、新しい指導者が登場してくる可能性はあります。ただし、問題は、新しい指導者が出てきたところで、もう一度、鄧小平の韜光養晦戦略を用いて、中国を立て直したうえで、また同じことをやり出す可能性が大きい、ということでしょう。

共産党内の分裂が国家の分裂に直結する

門田　中国共産党崩壊のシナリオについて、石平さんに、もう少し具体的にお伺いしたいと思います。たとえば、軍事クーデターが起こって、崩壊がスタートするのか。それとも経済的にガタガタになって、民衆の暴動が始まることで、崩壊に至っていくのか。

中国共産党が建国七〇年を迎える二〇一九年に、仮に大きな試練に立って倒れていくとしたら、どういう形で瓦解《がかい》することになるのでしょうか。やはり、私は崩壊の前提条件は経済破綻だろうと思っていますが。

石平 ただし、経済の破綻は自動的に共産党の崩壊に繋がるのではなく、むしろ一連のプロセスがあります。経済が破綻して、失業が拡大して、社会の不安がますます高まる。すると、共産党政権がさらに強硬に押さえつけにかかる。それがさらに社会的不安を高めてしまい、ついには党内の相克を誘発する、というプロセスです。

そうなると、門田さんが期待するように、共産党政権を維持していくために路線転換を厭《いと》わない一派が台頭してくるのは必至です。それを習近平一派が拒否する。両派の争いが高じて、中央指導部は完全に分裂し、崩壊が現実のものとなるわけです。

しかし、中央指導部内が分裂したといえども、すんでのところで、共産党政権を守ろうとするでしょう。ただし、一旦分裂した以上は、両派は対抗するためにそれぞれが民間の勢力を味方につけ、勢力拡大をはかろうとします。自動的にふたつの政治勢力になってしまう。そして軍もその流れに巻き込まれていく。

こうして党が修復不可能な分裂を遂げる。中国の場合は党そのものが国家だから、そのまま国家の分裂に直結することになる。こういうシナリオが描けるのです。

中国分裂にはさまざまなバリエーションが考えられる

門田　仮にそうなると、やはり、もっとも注目を浴びるのは上海でしょう。中国の場合、何といっても上海がダントツに際立っています。経済規模も、国際化の進捗《しんちょく》度も、上海は中国を完全にリードしているし、世界でも有数の国際都市の地位を得ている。長江《ちょうこう》デルタ地帯の広大さといい、上海経済圏の発展の凄さといい、たしかに北京は首都なのだけれど、対世界においては、上海のほうが何から何まで影響力が大きいですからね。

そう考えると、共産党の分裂は上海を中心としたものと、それ以外という図式となる公算が強いのではありませんか。あるいは、華南地域に位置する広東の経済力もすごいものがあるから、中国は、北（北京）、中（上海）、南（広東）の三つで、大きな分裂を生み出す可能性を秘めているのではないでしょうか。

石平　日本にも南北朝時代があったように、中国にも南北朝の歴史があります。中国人は初対面の人に、「あなたは北方人か南方人か？」とよく訊きます。これは中国人が日常的に気にするカテゴリーです。

それだけ北方人と南方人は違うのです。気質も違うし、生活習慣もまったく違う。日本人が大好きな餃子は、中国全土で食べられているわけではなく、北方人に浸透しているものです。南方人は稲作文化だから、コメを主食とする。これは冗談ですが、主食をテーマにすれば、中国は南北に分裂する可能性もある（笑）。

あるいは、沿岸と内陸地域というカテゴリーも考えられますね。あるいは、中国の東北地域、満州の存在もクローズアップされるでしょう。満州が独立国家として成り立つ可能性は、中国の長い歴史からすれば常にあるわけです。つまり、分裂にはさまざまなバリエーションがあるといえるのです。

中国ではひとつの統一王朝、大帝国が潰れると、その後は五〇年、一〇〇年に及ぶ分裂の時代に入ります。そして、再統一されて、大帝国がまたできあがる。要するに、長い歴史からすれば、しばらくいくつかの国に分裂する。したがって、南北朝的な状態になるのは、全然不思議ではないのです。

権力闘争の最終局面で開明派テクノクラートの出現に期待

門田　米国から経済戦争を仕掛けられて、中国が疲弊していくなかで、失業者のデモ、政府による弾圧、それに反発する暴動が際限なくくり返される。それが共産党の分裂を引き起こしていく。そうした崩壊のシナリオのなかで、習近平の強権政治でとことん押さえつけられてきた民主化に、どんな動きが生まれてくる可能性がありますか。

石平　仮に地域ごとに分裂すると、上海に限っては、台湾のように民主主義が導入される可能性もないとは言えないでしょう。ただし、現実的に考えるならば、門田さんが示したように、中国共産党の七〇年の歴史を振り返ってみれば、分裂寸前のところで、こここそという場面で、かなりの〝柔軟性〟を見せてきたのも事実でしょう。中南海《ちゅうなんかい》（北京市の西域。要人の居住地）のなかで党内クーデターが起き、指導者のクビを挿《す》げ替えることで生き延びてきたわけだから、そんな可能性もないわけではないのです。

門田　その権力闘争の最終局面においては、より圧制を敷こうとする人物はお呼びではないですよね。そこで開明派が出てこないと、人民の暴動は収まらないからです。それが欧米を知り、日本を知り、そして中国を知った開明派テクノクラートだと私は見たいですね。

石平　問題は、そうした開明派テクノクラートが出現しても、その政策が一時避難にすぎない場合です。鄧小平が復活した八〇年代当時の中国は、思想の解放、みんな自由に考えようと呼びかけて、「百花斉放《ひゃっかせいほう》」「百家争鳴《ひゃっかそうめい》」の時代が訪れました。

だが、最後のところで、鄧小平は天安門事件において、解放軍に学生や市民の虐殺を命じたのです。思想の解放を唱えた同じ鄧小平が毛沢東のような振る舞いをした。それは先に門田さんが述べたように、放置すれば共産党や自身の「死」を意味するから、鄧小平はそうせざるをえなかったのです。

過去の例からすると、追い込まれた中国共産党は、新しい指導者、開明的な指導者を出してくる。それで危機を乗り越えたら、結局はもとの共産党になってしまうわけです。

革命第一世代・第二世代が消滅したところに意味がある

門田　私が考えているのは、その新たな開明的な指導者が、もう共産党の役割は終わったぞ、ということまで考える人物だった場合、どうなるかということです。

革命第一世代は、共産党の勝利のみを前面に押し出していればよく、被害者の歴史は全然必要なかった。それが時を経て、共産主義がレーゾンデートルを失い、民族主義を掲げて国をまとめなければならなくなったとき、どうしても被害者の論理が必要になってきた。パトリック・ルーカス氏がそう語っていたことは前にも述べました。

中国が建国七〇年になろうとするなか、当然、第一世代はとっくにいなくなり、第二世代すらほとんど生き残っていません。いま太子党、共青団、江沢民派が角を突き合わせて権力抗争をおこなっているわけですが、この当事者たちは、広大な中国、つまり、民主化されていない中国を、統合して率いていくには、共産党独裁政権でなければダメだと何の疑いも持っていません。

しかし、彼らが極限まで追い詰められれば、話は別だと私は考えています。米国から経済戦争を仕掛けられ、先に提示したような混乱状態が訪れた場合、第一・第二世代とはまったく違う心持ちの世代の人たちは、一時凌《しの》ぎで生き延びたとしても、これからまた、従来のような共産党独裁政権を再生するのは〝無理〟だと考えるのではないでしょうか。

革命第一世代に見た共産主義に対する愛着は確実に薄まっているし、開明派の人たちが共産党独裁を志向しない方策をとる可能性もあると思うわけです。そこで彼らは、普遍的価値観のほうに重きを置かざるを得ない。石平さんには、また楽観論すぎる、とか希望的観測にすぎない、と指摘されるかもしれませんが、彼らをそういう方向に仕向けるために経済戦争を仕掛けるわけです。

経済戦争を仕掛けて、余計に中国の独裁政治が強化されるようなことがあってはならない。インターネットやＳＮＳの発達や、国際間の垣根がなくなっている意味はそこにあるのです。中国が思想や言論をどう封じ込めようとしても、現実に、石平さんのような人が生まれているのが、何より心強いのです。

高等教育を受け、民主化を志向し、そして、さまざまな学問的業績を上げる中国人はどんどん増えている。米国のシリコンバレーなどは、多くの中国人によって支えられている。そういう民族、中国の人たちが開明的なほうに向かっていくのを、世界中が願っている。中国をそちらへ向かわせるための経済戦争ならば、世界中が大混乱に陥ったとしても、決して無意味な戦争ではないと思うのです。

習近平政権は「危機対応政権」

石平　経済戦争を仕掛けて、逆に中国の強権独裁を強化させたら、これは本末転倒なのだけれど、そういう危険性も念頭においておかなくてはなりません。共産党は危機に立たされれば立たされるほど、危機を乗り越えるために、よりいっそう独裁色を強めるからです。

ある意味で、習近平政権は一種の危機対応の政権だと言えます。経済成長が終わったという前提があったので、習近平政権誕生後は、国内の統制は従来に増して厳しくなったし、習近平個人への権力の集中も進んだとも見えます。

米国との関係については、中国共産党内には習近平的な考え方に染まる幹部はもちろん多いのですが、米国との協調路線を唱える人もけっこういます。しかし、トランプ政権が台湾問題を持ち出し、中国に経済戦争を仕掛ければ、党内の対米協調路線派の立場は厳しくならざるを得ません。特に台湾問題が浮上してくれば、本来の対米協調派は黙るしかない。それでも対米協調を唱えるならば、立派な〝売国奴〟として抹殺されてしまうからです。

そういう意味で、実現可能性として高いのは、トランプ政権が対中国強硬政策を実施するなかで、顕著化していくのは、習近平のよりいっそうの独裁強化と、よりいっそうの汎中華主義の高揚でしょう。

中国は三段階を経て瓦解していく

石平　いま私が予測している中国瓦解の工程表は、短期・中期・長期の三段階にわたるものです。短期的には、トランプ政権の対中政策が中国の経済をガタガタにしていく。

それが政治面では、むしろ習近平体制の強化に繋がっていく。そして、党内の対米協調路線は完全に消滅し、より強硬路線に傾く。

中期的には、経済は恐慌状態と化し、誰の目にも破綻が明らかになる。当然、国内は混乱から騒乱状況へとエスカレートしていく。それを受けて独裁政権は運命を賭《か》けて、内乱や共産党の矛盾を海外問題に転嫁させようと、無謀な対外路線を断行する。だが、この路線は失敗に終わり、第三の段階を迎えます。

共産党の分裂、あるいは共産党がクーデターで指導者の首を挿げ替え、新たな指導者による方向転換を図る。あるいは、天下大難の時期を経験して分裂、南北朝の時代に向かう。私が予測するのはこの三段階で、おそらくいちばん現実的なシナリオだろうと思うのです。

門田　そうならないよう、中国側はトランプ自身を方向転換させるために、ありとあらゆる工作を仕掛けてくるでしょう。当然、すでに、強力な対トランプ工作は始まっている。娘のイヴァンカさんルート、中国工商銀行ルート、中国恒大集団ルートをはじめ、膨大なチャンネルを通してトランプの考え方を変えさせようと画策中でしょう。

一方、ホワイトハウスには、ピーター・ナヴァロを筆頭とする「対中現実派」が手ぐすねを引いて控えています。私はナヴァロたちを、対中強硬派とは言わない。なぜなら、彼らは中国の現実と実力を過不足なくわかっている人たちだからです。

そんな対中現実派のブレーンに向かって、「ナヴァロは黙っていろ、お前たちも黙れ」とトランプに言わせるまで、中国側は持っていけるでしょうか。あるいは、逆に、トランプが仕掛けた経済戦争が成功する場合はどうでしょうか。そうなれば、金利、為替、関税で中国が打撃を受け、また、中国の工場で大儲けしている大企業経営者の方針も転換し、さらには、大都市の不動産バブルを崩壊させて価格すらつかない値付け不能状態に陥らせ、中国を阿鼻叫喚《あびきょうかん》の大混乱に導くことになります。

はたして、前者か、後者か。世界の命運がかかるだけに興味深いですよ。長い目で見れば、世界を救うだけでなく、圧政に苦しむ中国人民を救うことにもなりますから、ぜひ、後者に軍配が上がってほしいですね。

第五章　米中激突に求められる日本の覚悟

米中衝突の役者は揃った

門田　『China2049』や『米中もし戦わば』が出版され、とうとう米国が中国の野望に気づいたこのタイミングに、ビジネスマンでしかも「アメリカ・ファースト」を唱えるトランプが登場してきたのは、世界にとって運命的な符牒《ふちょう》だったと思いませんか。

石平　同感です。役者が出揃《でそろ》ったと私はとらえています。二〇一二年十一月に習近平が中国共産党総書記と党中央軍事委員会主席に就任した。その一月後に、日本では政治的に一度は〝死んだ〟とみなされていた安倍晋三氏の率いる自民党が政権与党に返り咲きました。また、習近平が南シナ海への野心をむき出しにして、四年にわたり傍若無人に振る舞ってきたときに、今度は対中国強硬派と目されるトランプ政権が誕生した。実に興味深い展開です。

門田　マイケル・ピルズベリー氏が言うように、いままで米国はずっと中国に期待をかけてきたわけです。中国は世界の秩序を壊す存在ではないと信じた米国は、見事に騙《だま》され続けてきたのです。しかし、現実には、中国はついに西太平洋に進出してきました。一四年に習近平は「Ｇ２」を唱え、太平洋を中国と米国で二分しようと持ちかけたことがありましたが、南シナ海における無法行為は、正にそれを実践したわけです。これを放置するわけにはいかない。その結論は、前章で議論したとおり、トランプのなかでは、もうすでに出ているのです。

石平　中国と経済戦争をやるつもりだからこそ、トランプは大統領に就任する以前に、対中国への一連の行動をとったのでしょう。ピーター・ナヴァロをはじめ、現実派のプロたちが彼のブレーンに就きました。そして、中国包囲網のためにオバマ政権では完全に冷え切った関係だったロシアまで取り込みました。国務長官にエクソン・モービルの前会長でロシアとのパイプが太いレックス・ティラーソンを充てたのも、そうです。私にはトランプのすべての矛先が習近平に向かっているように見えます。

対外冒険主義に走る中国との軍事衝突回避が課題

門田　逆に言うと、米国は米中軍事衝突をギリギリのところで回避しながら、経済戦争を活発化しなければならないわけです。

　国内の不満を抑えきれなくなったとき、中国は国民の目を外に向かわせるために他国と紛争を起こすのが、常套《じょうとう》手段です。しかも、外国相手の戦いとなれば、国内はぐっとまとまる。それを知悉《ちしつ》している中国が軍事衝突を仕掛けてくることもありえるわけです。中国の放つ矢を振り払いながら、中国の経済崩壊をどう促していくかが、米国の最大の課題といえるでしょう。

「トランプ－安倍会談」の世界史的意義

門田　もしクリントン大統領が誕生していたら、こうはいきませんでした。したがって、逆にトランプへの期待が高まってきた面があるのも事実です。トランプを口汚く罵《ののし》っていた勢力でさえ、世界が崩壊へと向かう動きを阻止する主役に、案外、なるかもしれないと、期待を寄せ始めました。

石平　トランプ政権の中国に対する姿勢は、ちょうど七五年前、真珠湾攻撃の直前の大日本帝国政府に、米国がハル・ノートを突き付けたときの状況に酷似していると言えますね。

米国の一貫したアジア戦略は、米国以外の国がアジアを支配することを絶対に阻止するというものだった。そのために大日本帝国を潰《つぶ》し、朝鮮戦争、ベトナム戦争を戦い、共産主義勢力の台頭を防ぎました。その最終段階として中国が敵として浮上してきたのです。

門田　ハル・ノートについて言及すると、その内容は日本が到底、呑《の》めるはずのない最後通牒であると言われていますが、実はハルの用意したものはボツになっており、当時、財務次官補だったハリー・デクスター・ホワイトが書いたものなのです。そして、このホワイト次官補がソ連側のスパイであったことが「ヴェノナ文書」により明らかになりました。

ハル・ノートを突き付けられた大日本帝国のように、中国が米国に歯向かうならば、破滅の道へとまっしぐらに進むしかない。私はトランプにその方策を示唆したのは、当選後、真っ先に九〇分もの会談を行った安倍首相ではないか、とも思っています。まだ先の話ではありますが、米国が経済戦争を仕掛けて中国を崩壊させたあと、いつか後日談として「トランプ ― 安倍会談」で何が語られたのか、何を示されたのかを明らかにしてほしいですね。

あのとき世界の首脳に先駆けて、しかも首脳としては、唯一、トランプとの会談に成功しました。民進党などは、逆にこれを非難していましたが、もし習近平国家主席、あるいは李克強《りこっきょう》首相に出し抜かれていたなら、と思うと、背筋が寒くなりますね。反中でまとまりつつある国際情勢に冷水を浴びせかねませんでした。だからこそ、それを知悉する安倍首相は、なにがなんでも、先に胸襟《きょうきん》を開いて話す必要があったし、実際にそれをやってのけたわけです。いま、国際社会の首脳間においては、表には出さなくとも対中国で共通認識を持っています。言ってみれば、かつて大日本帝国に対して、各国で強固なコンセンサスが得られたのと同様のことが起きつつあるのを感じます。

中国の軍事的侵攻のターゲットは台湾、尖閣、南シナ海

石平　中国問題、習近平問題と言ってもいいですが、これは日本、米国、ロシアの三ヵ国首脳における最大の共通テーマになりました。プーチンの立場で考えれば、ロシア帝国を復活させるうえで最も邪魔になるのは米国ではなく、中国です。すでに中国の膨張がロシアの権益を侵食しているからです。

これからは日本、米国、ロシアの首脳が対中国で連携を強めていくのではないかと私は思います。あらゆる角度から習近平に引導を渡す手筈《てはず》が進められているのではないか、と。中国が破綻《はたん》することはロシアに長期的利益をもたらしますから、プーチンが習近平を切り捨てる可能性は十二分にあると思いますね。

門田　仮にトランプが仕掛けた経済戦争が成功した場合、国際社会の〝普遍的価値〟に理解を示す中国の人たちはどの程度まで増えてくると思いますか？

石平　そうなるためには、中国がかつての大日本帝国のように徹底的に失敗しなければなりません。もっとも、日本の場合はそれが行き過ぎてしまい、自分たちの民族を否定し、国防を否定するといったように、逆におかしな方向に変わってしまいましたが……。

前述したように、すでに土台ががたがたである中国経済が、いよいよ瀬戸際まで追い詰められたときに、奥の手として中国共産党が軍事的冒険に出る可能性はかなり高い。

もし中国の対外的冒険が成功すれば、共産党は求心力を回復し、政権を維持するでしょう。逆から考えれば、中国軍が侵攻しやすい台湾、尖閣諸島、南シナ海のいずれかがターゲットになる、ということです。安倍政権、および日本国民は、相当の覚悟を強いられますよ。

南シナ海および台湾侵略を「存立危機事態」に設定できるのか

門田　現実的な話をすると、安倍政権にとって目の前の大きな課題は、たとえば中国の南シナ海および台湾侵略を、「存立危機事態」と判断するかどうかです。日本は安保法制で新・武力行使「三要件」を定めてはいますが、これはあくまでも尖閣諸島防衛のためにあるものです。簡単に説明すると「存立危機事態」とは、わが国（日本）と密接な関係にある国（たとえば「米国」）が第三国から攻撃を受けた場合、それが日本国民の生命、自由、および幸福追求の権利を根底から覆すことが明白な場合で、他にとるべき手段がまったくない場合に、初めて必要最小限の武力を行使することができるわけです。

つまり、きわめて範囲が狭い。日本のマスコミは、日本はついに「集団的自衛権」を得たと騒ぎ立てましたが、これは本来の集団的自衛権とは言えません。なぜなら、これは尖閣を守るため、要は国土防衛のためのものだからです。

集団的自衛権とは何か。たとえばＮＡＴＯ（北大西洋条約機構）なら、英国が攻撃されても、あるいはフランスが攻撃されても、加盟国全員で守るわけです。これは、ワルシャワ条約機構（ソ連を盟主として東ヨーロッパ諸国が結成した軍事同盟）と対峙するものですが、同様にワルシャワ条約機構も集団的自衛権を定めています。

一方、日本が憲法を改正して、集団的自衛権を持って、日本がフィリピンや米国などとともに、たとえば、「西太平洋条約機構」をつくって、中国の武力侵攻に対抗したら、どうなるか。中国との戦争が不可避になってしまいますね。それを国民は、望むか、望まないか。私は、日本で、憲法改正が実現する可能性が低い理由に、そこを挙げています。

日本には平和国家としての〝役割〟がある

門田　私は講演会で、安保法制は、通常の集団的自衛権と違うことを常々、話しています。実際に南シナ海で米国とフィリピンが中国と戦うことになれば、日本はどう対処すればいいのか。現憲法下で、日本の交戦権も、武力行使も否定されています。つまり、中国との軍事衝突は「存立危機事態」が招来したときのみです。台湾有事、あるいは南シナ海有事で、それを設定できるかどうか。

憲法改正論者の人たちは、「早く憲法を改正して集団的自衛権を獲得して中国と対峙《たいじ》せよ」と迫りますが、それは、仮にフィリピンのスカボロー礁で紛争が勃発《ぼっぱつ》した場合、日本の若者、すなわち自衛隊員を飛んでいかせるのか、という話ですからね。

中国側が南シナ海あるいは台湾に侵略してきたら、当事国と米軍は、中国と干戈《かんか》を交えざるをえない。少なくとも、米国には、台湾の防衛義務を明記した「台湾関係法」がありますからね。けれども、では、それを「仲裁する」のはどこの国なのか。私は、それこそが日本の平和国家としての〝役割〟ではないかと思っています。それを一緒になって戦火を交えたら、いったいどこの国が、仲裁に入ることができるのか、と思いますね。

私はそれこそが、国際間の「役割分担」というものだと思っています。現在の憲法の範囲内でできる「後方支援」はするにしても、直接、軍事紛争に首を突っ込んでいくことを「是」とすべきではないと思っています。私は、憲法改正とは、かなり高い確率で、中国との戦争を意味することをわかってほしい、と思いますね。

数百基におよぶ核ミサイルを日本に向けて照準を合わせている中国は、「反日教育」を続け、ネットでは、「東京大虐殺」が平気で語られているような国です。あらためて、そのなかで、「あなたたちは本当に核を持つ中国と戦うのか。その覚悟はいかほどのものか」ということを問うてみたいですね。

「押し付け憲法」を逆手に利用し、経済戦争に協力せよ

石平　いまの門田さんのお話をうかがっていて、私は根本的な問題があると思いました。経済戦争とは別の話で、たとえば、中国の南シナ海の軍事侵略が成功してしまったとす

る。南シナ海を支配し、その勢いのまま、台湾も制圧してしまう。台湾海峡も中国が抑えてしまう。さて、日本はどうなりますか？

門田　それは、まさに日本の「存立危機事態」になるでしょうね。つまり、話をもとに戻せば、中国と「全面戦争」すべきか否か、という話になりますね。その覚悟が、まさに日本人に問われることになります。これは、リアリティを伴った〝私たちの時代の戦争〟ということになります。核兵器も持たない日本が、何をやるかわからない、そして、日本への憎悪を植えつける教育を徹底的に続けている中国と、戦火を交えるのでしょうか。それは、日米安保条約下の全面戦争になりますね。ひょっとしたら、地球最終戦争になるかもしれません。

それは、どうしても、回避しなければなりませんよね。だからこそ、これまで、話してきた中国に仕掛ける「経済戦争」が重要な意味を持っていると思います。日本は平和国家としての役割をまっとうしながら、同時に、経済戦争において、「中国の変革を促すこと」に全力を傾注しなければなりません。

逆説的な意味と皮肉をこめて言いますけど、日本国憲法の価値とは米国に押し付けられたことにあるとは思いませんか。「米国と一緒に南シナ海で戦いたくても、あなたに押し付けられた憲法のせいで戦うことができないんです」と言えるのは、この憲法があるからです。そこで思い出してほしいのは、戦後七〇年である二〇一五年に安倍首相が発表した「戦後七〇年談話」です。あの談話で、安倍首相は、紛争解決に武力を使わないという「不戦の誓い」を世界に向けて、あらためて明確にしました。つまり、中国と南シナ海で戦うことも〝しない〟と宣言したのです。私自身は、この七〇年、平和国家として武力行使を一度もしたことがない日本が、中国と干戈を交えるべきではないと思うし、多くの日本国民もそう思っているに違いないと思っています。

多くの米国人は尖閣のために中国と戦争する気はない

門田　ここで思い出してほしいのが、民主党政権時代の三年三ヵ月で日米関係が戦後最悪の危機的状況に陥ってしまったことです。米国は、中東であれほどしんどい目をしているのに、新たに中国という大国と火花を散らしたくはない、という気持ちを持っています。誰だって、中国とコトを構えたくありませんからね。

日本人はよくわかっていませんが、一般の米国人の大半は、日米安保条約の第五条により、あの小さな尖閣諸島を守るために自国の若者が、中国と戦争をしなければならないという事実を知りません。われわれ日本人はもちろん知っているし、米国の外交官や軍事の専門家たちはみな知っているとはいえ、米国の一般人は、正直言って、尖閣諸島の存在すら承知していないのです。

実際には、日米安保条約に則って、日本のために戦わなければならないわけですが、私の知るかぎり、米国人は、「それは地球最終戦争に向かっていくことになるから反対」という意見でほぼ一致しています。戦後最悪の状態に陥った日米関係のなかで、民主党政権は、この重要な国防の問題を〝放置〟していましたが、民主党時代が終わると、安倍政権は、さっそく日米ガイドラインの改訂協議に入って、これを立て直そうとしました。

知られざる日米ガイドラインをめぐる攻防

門田　ここで日米の間で、すさまじい攻防があったのは、あまり知られていません。安倍政権は、小野寺五典《おのでらいつのり》防衛大臣（当時）を先頭に、タフな交渉をおこなっています。当初、米国の防衛当局や国務省の姿勢は、一般の米国民の気持ちを反映しており、日中のゴタゴタに介入したくないとする消極的なものでした。そこから日本側の巻き返しが始まったのです。

「尖閣諸島で日本と中国のあいだで深刻な事態が発生した場合、世界的に大変な経済的混乱が起こってしまう。上海市場、東京市場のみならず、貴国のニューヨーク市場もロンドン市場も巻き込まれて、世界の株価は大暴落します。米国経済が受ける打撃は計りしれません」

そう日本側は主張しました。つまり、いかに尖閣が小さくても、そこで起こる紛争の影響は、計りしれないほど大きいことを強調したのです。そして、さらに、こうダメを押しました。

「日米ガイドラインを改訂して、米国による日本への防衛の指針をきちんと明確化すれば、そもそも中国は尖閣に手出しができなくなります。そうすれば、その抑止力によって、紛争自体が起きなくなります」

そのときに、日本は、逆に米国からこう迫られています。

「日本の艦船が攻撃されたら、当然、米国は援護する。では、われわれが敵に攻撃されたら、あなたたちはどうするのか。米国が一方的に日本を助け、あなたたちは、米軍を助けない。そんなことが許されるのか」

それは激しい応酬でした。そして、その結果、できあがったのが、あの安保法制なのです。武力行使の三要件をあれほど厳格につけたうえでも、日本は「密接な関係にある第三国」、つまり「米国」を助ける法律をつくったわけです。日本のマスコミが、問題視する安保法制における「集団的自衛権」とは、このことです。本来の集団的自衛権とは、まったく違います。

二〇一五年十二月に放映されたNHKスペシャルでは、このことがきちっと報じられました。日米ガイドライン改訂でわたり合った小野寺防衛大臣をはじめ、米国側の当事者も登場して、そのときの激論を再現していたのは、見応えがありました。

左のほうのドリーマーの人たちや、マスコミは、安保法制を「戦争法案だ」、「徴兵制の復活だ」とか、滅茶苦茶な論法で責め立てましたが、とんでもないですね。その実質は、戦争「抑止」法案だったということです。

中国の実効支配をギリギリで防いでいる尖閣諸島の実状

門田　一六年十二月十六日、米国務省は、米海軍所属の海洋調査船が南シナ海で運用していた無人水中探査機を、中国海軍の艦艇に奪われたと発表しました。フィリピンのスービック湾の北西約九〇キロでのことです。探査機二機を回収しようとしたところ、中国艦艇がバッとあいだに入ってきて壁になり、中国側の小型ボートが米国の探査機をピックアップして走り去ったのです。それは、米国の海洋調査船が回収するところまで、あと五〇メートルのところまで来たときだったそうです。

中国側の手口はほぼ共通しています。南沙諸島のスカボロー礁では傍若無人な行動をくり返す中国漁船を拿捕《だほ》するためにフィリピンの艦艇が現場に出動すると、中国海警の艦艇が現れて立ちはだかり、漁船を逃がすパターンがくり返されています。

同様のことをいつ尖閣諸島でやられてもおかしくはありません。中国漁船の乗組員は武装漁民であるのは言うまでもありません。やり方は、すでにシミュレーションされています。中国漁船が大挙して尖閣上陸を窺《うかが》えば、日本の海保が阻止のために接近する。そのときに中国海警、あるいは中国海軍の大型艦艇が急行して壁をつくる。海保の援軍がそれを妨げるため接近する。だが、中国は「キャベツ作戦」で、尖閣を何重にも取り巻いて、次々と波状でやってくるだろう、ということです。多勢に無勢ですね。中国の「キャベツ作戦」は、関係者のあいだでは、有名ですからね。尖閣に上陸しさえすれば、「日本はどうせ俺たちが撃たなきゃ撃ってこられないから」と、連中はタカをくくっているのです。

こうした事態が、すでに何年も前に起きていても不思議ではなかったのですが、新たな日米ガイドラインが決まり、ヒラリー・クリントンが国務長官時代に成立させた国防権限法、また、日米安保条約第五条がその「抑止力」となっているのは、厳然たる事実ですね。そのうえで、海保も必死ですから、なかなか中国は手が出せないでいるわけです。

実は私は、一六年の八月が危機だと思っていました。稲田朋美《いなだともみ》・新防衛大臣が靖国神社へ参拝に行った機会をとらえて一挙に上陸するのではないか、と見ていたのです。稲田大臣の靖国参拝で中国の国内世論を沸騰させながら、尖閣の実効支配を果たし、強引な〝居直り〟に持っていくのではないかと推定していました。ところが、稲田さんは、実際には靖国神社には行かなかったし、その直前に中国の漁船が沈没して、日本の海保に救助されてしまったという中国側の大チョンボもあった。そうした〝不測の事態〟が発生して、逆にことなきを得たわけです。

何とかして、中国の尖閣支配をギリギリで防いでいるのが日本の実状だと言っていい。このまま日本はいくら挑発されようが、粛々といつものやり方を続けて、絶対にそれには乗らないようにしなければなりませんね。

中国の〝本気〟に日本の世論は耐えられない

石平　米国情勢をみるかぎり、トランプ政権は今後、経済戦争でもって本気で中国を潰しにかかるでしょう。むろん、潰される中国のほうも本気で反撃する。あらゆる手段を動員してくるから、トランプ政権も覚悟を決めなければならない。同時に、日本が「この戦略で一緒にやろう」とタッグを組むならば、日本も相当な覚悟を迫られますよ。

トランプ大統領と安倍首相との一七年二月の正式な会談で、表向きには出てこない対中国問題での話し合いの中身は興味深いですよ。私は、少なくとも経済戦争に対する覚悟を〝確認〟し合ったと見ています。これは日米同盟にとって大変な試練となりますが、どうしても乗り越えなければならないものです。もしそれに挫折し、中国の唯我独尊を許してしまえば、日本の未来は限りなく暗いですよ。

いや、現実的には、これが最後のチャンスかもしれませんね。そうとらえるならば、安倍首相は強いリーダーシップの下で、経済戦争に参戦していくしかない。むしろ私の心配は、南シナ海で紛争が起きた場合の日本の国内世論のほうです。

南シナ海の紛争に日本が関与することを、日本の国内世論は許していません。門田さんの武力介入否定論もよくわかります。しかし、では、尖閣諸島が中国の攻勢で本当に切羽詰まった状況に瀕《ひん》したとき、また、「人命が大事か」、あるいは、「誰も住んでいないあの島が大事か」といった、愚かな二者択一論が出てきはしないかと心配になるのです。えてして、日本の世論は日本人の「命」のほうをとり、結果的に、のちのちにより多くの人の「命」を失うことになりはしないかと、危惧《きぐ》するのです。

その意味では、いくら安倍政権であっても、中国との戦争も辞さないという覚悟を持って決断できるかどうかが問題となるでしょう。これは日本の政治家にしても、国民にしても大変な覚悟が必要になります。なにしろ相手が中国なのですから。

危機の最中に日本を裏切る日本人

門田　石平さんのように、あの中国をとことん知っている人から見たら、この日本という国はいったいどうなっているのだと、不思議でたまらないでしょう。日本がここまで中国に舐《な》められても、まだ反対する勢力が、これほどいるんですからね。

実際に安保法制のときも、特定秘密保護法案のときもそうでした。朝日新聞をはじめ、日本国内には中国に加担する勢力がいっぱいいるわけです。自分たち日本が不利になるように、一生懸命になっている日本人がどれほど多いことか。

石平　中国ではそういう現象は起きない。中国はむしろそういうときこそ、逆に国内統制が強まり、中国共産党政権への求心力が高まります。むしろ日本に関して、私がもっとも憂慮しているのは、自衛隊の戦闘力うんぬん以前に、自衛隊が出動する前に、政治が白旗を掲げてしまうことです。国内世論がそうさせてしまいかねない。

門田　日本人が自家撞着《どうちゃく》している間に、中国側の工作はどんどん進んでいます。一六年五月、沖縄の知識人たちが、北京釣魚台に本拠を置く研究所「中国戦略・管理研究会」に招かれて、沖縄から米軍を追い出すことを目的とする会議が開催されました。これは、石平さんご自身が問題化されたものですが、ここに沖縄の教育者、言論人が多数招かれています。沖縄の地元紙も参加し、堂々と中国側に立ったシンポジウムが開催されているわけです。

石平　このシンポジウムに参加したのは、琉球新報東京報道部長、沖縄タイムス学芸部記者など沖縄県内のマスコミ関係者や、「琉球独立」と「全米軍基地撤去」を一貫して主張している沖縄国際大教授や龍谷大教授などの研究者が含まれています。

しかも、中国は今やそういう工作を隠すことすらしません。堂々とやっている。もう日本を完全に舐め切っているのだと思います。

それでは逆に日本は同じことを中国に対しておこなっていますか？　たとえば、中国の研究者を呼んで、東京でチベットの独立を促すシンポジウムを開催していますか？　そんなことは誰もやりません。いかに、日本が舐められているかがわかります。

アフリカを工作し台湾の国連追放に成功

門田　それに比べて、中国のやり方はやはりすごいですよね。日本の中枢に、ぐっと手を突っ込んで来ますからね。第三章でも触れたように、中国共産党は、自民党への浸透に当初、苦労しました。当時の日中貿易は友好商社間における取引が主流で、一九六二（昭和三七）年に日中長期総合貿易に関する覚書が交わされました。この貿易協定は中国側の中心人物・廖承志《りょうしょうし》と日本側の高碕達之助《たかさきたつのすけ》のイニシャルをとって、「ＬＴ貿易」と呼ばれることになります。

ＬＴ貿易の立役者の一人ともなった廖承志は、もともと日本生まれの日本育ちで、彼の話す日本語は、ネイティブです。いわゆる江戸っ子が話す言葉ですよね。おまけに、早稲田大学に入学していますから、彼は早稲田を舞台に、しかも、早稲田人脈を駆使して、工作活動を進めました。しかし、社会党や日本共産党といくら関係を密にしても、日本の政治を動かすことはできませんでした。廖承志が必死で自民党へのルートを探して、ターゲットに選んだのが松村謙三だった。松村は、自民党の中にあっては親中派で、高碕達之助とともに、LT貿易の実現にも力を尽くした大物議員です。この松村謙三をどう落とすか。廖承志は、まずは彼がどういう人物なのかを徹底的に洗ったわけです。

詳細は第三章で話したとおりですが、廖承志をトップとする中国の工作グループの実力がいかにすごかったか、思い知らされますね。

中国の工作活動のパワーを物語るひとつに、一九七一年、あのアルバニア決議案が国連で可決された際に、なぜ「修正されなかったのか」ということがあります。長年にわたって賛否が争われてきたアルバニア決議案を修正もないまま受け入れるということは、中華人民共和国を「国連に迎え入れる」のと同時に、中華民国を「国連から追放する」ことにも繋がるからです。さまざまな修正を加えるのが常道であるにもかかわらず、そのままアルバニア案は可決されてしまいました。

このときも、アフリカ各国への中国の工作に、世界は唖然《あぜん》としたわけです。この修正なしの可決で、大きな力となったのが、アフリカ諸国です。中国はアフリカ諸国に大きな影響力を持っていますが、これは、いまに始まったことではありません。中国は、大国も小国も、国連では同じ「一票」であることを、昔から知っていたのです。

このとき、米国は、蔣介石の中華民国が安保理の常任理事国だけを辞退して「国連議席」を守るための「二重代表制決議案」を国連に提出していました。しかし、先に採決されたアルバニア案が通過し、その時点で、中華民国代表団が議場から退場したため、万事休したのです。友邦国のアルバニアを通して、国連に決議案を持ち込み、アフリカ諸国をはじめ、多くの票数を固めていた中国のしたたかさに、世界は舌を巻いたわけです。

余談ですが、私は、「国連、アルバニア案可決」の見出しが躍る新聞記事をいまでも思い出します。中学生の頃でしたが、当時の日本の新聞はみな中国大好きだったから、もう万々歳の論調でした。そのときに新聞に載っていたのが、国連の議場で黒人が「ヤッター」と小躍りしているアップ写真だったので、私は長いあいだ、アルバニアは、てっきり黒人の国だと思っていました。実は、アルバニアがアドリア海に接する国で、黒人の国ではないことを知ったのは、かなりあとになってからです。

「台湾問題」の元凶

門田　こうして、さまざまな工作の末に、中国は国連への加盟が認められたのですが、これこそ中華民国、いまの台湾が国際社会から締め出されることになった理由です。翌七二年九月に日中国交正常化が成り、日中共同声明が発表されとき、当時の大平正芳《おおひらまさよし》外務大臣が、カッと目を見開いて「日華基本条約は終了した」と言いました。私はそのシーンを鮮明に覚えています。ふだんは眠そうで「アーウー」と、歯切れの悪い話し方しかしない大平さんが、そう明言したときは、本当にびっくりしました。当時、中学生なのに、「そんな勝手なことが許されるのか」と疑問に思ったことを覚えていますよ。片方と国交が成立したからといって、急に、うしろ足で砂をかけるようなことがよくできるものだ、と今でも思いますよね。

石平　いまのお話が結局、いわゆる「台湾問題」の元凶なんです。ごく普通に見れば、どう考えても台湾は「一つの国」です。自分たちの軍隊があって、警察があって、当時はまだ民主主義ではなかったが、いまでは普通選挙で選出された総統もいる。あらゆる意味において「一つの国」としか言いようがない。

しかし、中国は、嘘《うそ》で固めた論理で、台湾を一切国として認めません。しかも自分たちが認めないだけでなく、中国と外交関係を結ぶすべての国々に対して、台湾が国家でないことを認めなければ、外交関係を結ばないと脅す始末です。

結果的に、残念ながら、日本も米国も多くの国々も、基本的には目をつぶって、台湾という国の存在を無視し、言い訳を駆使して、中国の勝手な論理を認めてしまった。ある意味国際社会は中国の野蛮な論理の前にひれ伏したともとれるわけです。

日中国交正常化で台湾を裏切った田中角栄

門田　「日本は中華人民共和国との相互関係を尊重していくが、これまで長期間にわたって築いてきた中華民国との友情と信義もあるから、今後も中華民国との外交関係は継続する」。日本も中国と国交正常化したかったかもしれませんが、相手の中国のほうはもっと正常化したくてたまらなかったわけだから、日本側はこう言えばよかったのです。

それなのに、日本側はそうは言わなかった。しかし、このときはチャンスで、激しい闘《せめ》ぎ合いをやればよかったんです。なぜかと言うと、中国はあの文化大革命の渦中にあり、疲弊し切っていたのだから、日本が、そう提案することも十分可能だったからです。

それなのに、日本は、中華民国に対して、うしろ足で砂かけて、はい終わりという非情な態度に出た。

これは日本人として非常に恥ずかしいことで、そもそも人間として許されるのか、と思います。そのときは中学生だったからそこまでわからなかったけれど、あとになって日本は台湾にひどいことをしたな、とつくづく感じました。

当時、中国との国交正常化に最も前のめりになっていたのは田中角栄《たなかかくえい》でした。その直前に沖縄返還を成し遂げた佐藤栄作《さとうえいさく》は、退陣するときに、そのことを懸念していました。田中も日中国交正常化を果たした首相として、佐藤同様、歴史に名前を残したかったことはわかります。親しかった当時の竹入義勝《たけいりよしかつ》・公明党委員長が周恩来《しゅうおんらい》や中国外交部と秘かに会談を持ち、田中は訪中のタイミングを計っていたのです。

中華民国側は、あれほどの長い友情関係とさまざまなチャンネルを持ちながらも、切り捨てられました。日本と日本人に対して、いったい、どんな感情を抱いたのか、察するに余りありますね。

国は国際的な価値観を受け入れて「平和の一員」にならないのかに、立ち戻ることになります。

国連での成功体験が中国に「力の論理」を教えた

石平　中国の国連加盟は、今回の対談の冒頭で門田さんから呈された根本問題、なぜ中国にしてみれば、世界にそんな価値観など存在しない、力で押さえれば何もかもが通ることの根拠に、この国連加盟のときの経験があるのです。その後の中国の台湾に対する非礼きわまりない扱いに対して、結局、日本も米国も欧州諸国も、ほとんどすべての国々は目をつぶってきました。つまり、中国はこの成功体験にすっかり「味をしめた」のです。力で押しさえすれば、どんな滅茶苦茶な論理でも国際社会に認めさせることができるのだ、と。それがいまの中華帝国主義復活の源となってしまったのです。

そういう意味では、大統領選に勝利した直後に行われたトランプと台湾の蔡英文総統との電話会談の意味は、大きいですよ。米国、ひいては国際社会にとって、中国暴走の歴史から脱出する第一歩になるかもしれないからです。

米国を含めて国際社会は数十年間にわたり、中国の勝手な論理と恫喝《どうかつ》に振り回されてきたし、それを許してきた。トランプはそれをよしとせず、「一つの中国」をはじめとして中国の論理がおかしいと素朴な疑問を発し、中国に対して圧力を掛けました。ところが、オバマ政権やワシントンのエリートの連中はトランプに一斉に反発し、「大変なことになるぞ」とその口を封じようとしている。これではまた、中国の論理が現実になってしまいます。中国の思うツボだというのに気づきもしない。

門田 その原点が、国連のアルバニア決議案可決であり、中国の国連への加盟だったというわけですね。あのとき中国に「国際社会など自分たちの論理で突破できるのだ」ということを学ばせてしまった、という石平さんの意見は、たしかにそう思います。しかも、中国は安全保障理事会の常任理事国の座に就いてしまったわけですからね。言わずもがなですが、常任理事国とは戦勝五大国のひとつであり、拒否権行使はじめ、強大な権力が与えられている、国連の特別な地位です。その地位に、国連が発足したときに、この世に誕生もしていなかった国が就いたわけです。

中華民国(台湾)の国連追放を主張する中国に対して、「貴国の意見はわかるが、国際的には、その論理は通じませんよ」ということを、あのとき、なぜ国際社会は諭すことができなかったのか。これは歴史の〝禍根〟としか言いようがありません。

台湾問題を放置すれば台湾戦争が勃発する

門田　当時の日本に話を戻すと、田中派は日中国交正常化に突き進みました。自民党内には福田派（のちの清和会）を中心とした中華民国派が多かったから、大反発が起きた。けれども、田中派の領袖《りょうしゅう》の田中角栄が聞く耳を持たない。ついには宏池会までが一緒になって、大平外相が旗を振りました。私は、田中派、宏池会の中国に対する前のめりには、問題があったと思っています。先にも言ったように、当時の中国は文化大革命で疲弊し切っていたのです。弱り切っている中国を前に、日本は手もみして近づき、中国の要求を検証もなく、全面的に受け入れました。台湾とのこれまでの友情や、信義も、すべて捨て去られたのです。〝義〟を重んじる政治家なら、到底できなかったことだと思いますね。

石平　中国の論理を通してしまうことは、将来の台湾の立場を不利にするのみならず、台湾戦争の危険性を招くことにもなります。台湾が国際社会からきちんと認められた国であるならば、中国が台湾に手を出すことは、すなわち〝侵略戦争〟となる。しかし、もし国際社会が中国の論理を認めて、台湾紛争を内政問題とするならば、中国は内政干渉するなと突っ撥《ぱ》ねることができるわけです。

だから、これ以上、世界の秩序と平和を破壊されたくないならば、日本も米国も中華帝国と対峙して、中華帝国の暴走を封じ込める方向に動き出さなければなりません。その文脈において、くり返しますが、トランプと蔡英文総統の電話会談は大きかったのです。

「沖縄在日米軍の一部を台湾に移転せよ」

門田　蔡英文総統の一月八日の訪米にも中国は過激に反応しましたね。トランプとは面会していないようですが、テッド・クルーズら共和党の有力議員と会談しました。事前に中国から蔡英文総統に会わないよう圧力をかけられましたが、クルーズは一蹴《いっしゅう》しています。

中国共産党機関紙人民日報系の環球時報は九日、トランプが「一つの中国」政策を守らない場合、中国は「報復する」と警告していますが、トランプは意に介さないでしょう。

面白いことに、元米国国連大使ジョン・ボルトンが十七日付のウォールストリート・

ジャーナルで、在沖縄米軍の一部を「台湾に移転せよ」との持論を展開しました。これは、中国に対する強烈なパンチであると同時に、基地問題で揺れる日本への牽制《けんせい》でもあります。正に「最低でも県外」でしょう。これは、中国による沖縄への「日米離間工作」が進むなか、きわめて注目すべきことですね。

沖縄で運動を展開している活動家やプロ市民たちには歓迎すべきことでしょうが、沖縄県民にとっては、深刻ですよね。生活面そのほか、戦後、米軍基地と歩んできた沖縄の人々にとっては、米軍が沖縄からいなくなったら、さまざまなことで不都合が生じてきます。いよいよ、このまま活動家たちのやり放題にしていていいのか、ということになってくると思いますよ。

ジョン・ボルトン　©Polaris/amanaimages

日本には中国を増長させてきた責任がある

門田　先にも論じたとおり、原点は、国際社会が「中国を増長させてしまった」という面があることです。石平さんのおっしゃるとおりだし、完全にボタンを掛け違えてしまったわけです。しかし、いったいその反省から何年が経ったのか、と思います。一九七二年からだから、すでに四五年、半世紀近くも経ってしまったのです。その結果、いまの中国の「怪物のような姿」があるわけで、また、北朝鮮に対しても同じことを、国際社会は、やってきたわけです。
九〇年代に人道支援をおこない、九八年から〇八年にかけての金大中《キムデジュン》・盧武鉉《ノテウ》政権の七〇億ドル分におよぶ「太陽政策」の支援が、何をもたらしたのか。もういい加減、国際社会は学ばなければいけないと思います。

石平　そういう意味で、二〇一七年は新しい始まりの年だと言えますね。どうか、門田さんが言うように「普遍的価値観」を国際社会が重んじていく元年になってほしい。しかも、日米中心の国際社会も、十分、リスクを覚悟して、事にあたってほしい。ひとつの大事な結論は、いよいよ中華帝国の野望に最終的に引導を渡す時期がやってきたということです。これを実行しなければ、国際社会には、もう「未来はない」のです。

門田　石平さんが、そこまで断言することは、やはり、肝に銘じたいですよね。日本人も、真摯《しんし》に、戦後の歩みを反省しなければいけないときです。結局、中国を増長させて

中台関係をゆさぶる米国

1949年	中国共産党との内戦に敗れた国民党が台湾統治
79年	米中国交正常化、米台が断交
88年	台湾で李登輝政権発足。中国との外交戦激化
96年	中国が台湾周辺海域にミサイル発射。米空母が出動
2008年	台湾で親中派の馬英九政権発足
15年	中国の習近平国家主席と馬氏が初の中台首脳会談
16年5月	台湾で独立志向の蔡英文政権発足
12月2日	蔡氏がトランプ時期米大統領と電話協議
11日	トランプ氏「『一つの中国』に縛られない」
21日	西アフリカのサントメ・プリンシペ、台湾と断交

きたのは自分たちであって、それが現在、世界の大きな災厄となって襲いかかってきた。日本の責任も大きいと言わざるをえないからです。

中国は、とにかく米国では、共和党が好きでした。米中関係の歴史は、キッシンジャーとニクソンから始まったわけだから、民主党政権より共和党政権のほうを好んできた。それでトランプが勝ったときに、「ざまあみろ、日本！」と喜んだわけです。いまは、「ちょっとこれは違うぞ」と思い直しているところでしょう。

世界を破滅させないために、いまがギリギリの崖《がけ》っぷちであるという認識を、日本人も、米国人も、そして、国際社会のリーダーたちも、どうか持ってほしいですよね。国際社会は、平和的な共存を最も望んでいるのです。われわれが希望するのは、ただそれだけなのですから。

第六章　日中対立を煽った朝日新聞の罪

「日本に核ミサイルを撃ち込め」

石平　第一章で、中国人は日本人を絶対に許さない、一般人レベルでも日本への核投下を雑談のようにしていると、話しました。反対に、米国人に対しては酒席であってもみな殺しにするとは誰も言わないし、ふだんから軽蔑《けいべつ》している朝鮮人に対しては、「しょうがない奴らだ」と言うにとどまる。もちろん、「同胞」だと思っている台湾人へはそんな話をするはずもない。

唯一、日本人に対しては、たとえ冗談だとしても、何を言っても〝許される〟雰囲気が中国社会のなかで醸成されている。おそらく中国人の潜在意識のなかに、そうした感覚がすっかり刷り込まれてしまっているからでしょう。

中国の少なくない軍事専門家が、「日本には核の先制攻撃も辞さない」と言ってはばかりません。仮に中国が日本に核ミサイルを撃ち込み、東京や大阪で何百万人が死のうと、たいして良心の呵責《かしゃく》を感じることはないのではないか、と思わざるをえません。これが中国人の「対日観」の現実なのですが、多くの日本人は認識していないのです。

一九九〇年以降に広がった日本人に対する憎しみ

門田　恐ろしい話です。しかし、少なくとも八〇年代の中国人たちは決してそのような激しい反日感情ではありませんでしたよ。私は中国にたびたび出掛けていましたが、九・一八事変の記念日（満洲事変を招くことになった柳条湖《りゅうじょうこ》事件勃発《ぼっぱつ》日）などでは、けっこう、ナショナリズムが高揚していたから、あるいは一部の人はそうだったかもしれませんが、大半の人は、日本と日本人を尊重してくれていましたね。鄧小平が人民に対して、「軍国主義時代の日本人と、いまの日本人は違う」ということを教えていたこともあってか、非常に好意的に接してくれていました。

うちの伯父や伯母などは、日本が戦争に負け、満洲から引き揚げるときに、多くの中国人に助けられました。だから、うちの親戚《しんせき》は、みな、基本的に中国人が大好きですよね。「中国の人たちは優しいし、一生懸命に面倒をみてくれた」と口癖のように話していた。

私自身も同感で、昭和五十七年から数年間、立て続けに中国を回ってきたけれど、中国人が日本人を尊重してくれることに疑いを持ったことはありませんでした。さきほどの石平さんの話がそのことを裏付けます。その頃の中国がいちばん、国際社会の「普遍的価値観」に近づいていて、日本に対しても心を開いていた時期でもあったわけですね。

石平　たしかにあの時代の中国は、普遍的価値に近づいたのですが、それでもそのうえの次元には、やはり「中華」という志向は間違いなくあったのです。その伝統は一度も途切れることなく連綿と中国人に受け継がれているのです。ただし、八〇年代まではさすがに「日本人に対する憎しみ」は生まれていませんでした。日本人に対する憎悪が広がったのは九〇年以降のことです。

靖国問題で〝禁じ手〟を使ってしまった朝日新聞

門田　それはまさに「反日教育」によってなされたことであり、そのきっかけを私は覚えています。昭和六十（一九八五）年八月十五日、中曽根康弘《なかそねやすひろ》首相（当時）が「戦後政治の総決算」を掲げて靖国の公式参拝をおこなったことを朝日新聞が問題化しました。このとき、朝日新聞は、やってはいけない〝禁じ手〟を使ってしまったのです。

それは、中国共産党の機関紙である人民日報まで使って、中曽根氏の靖国公式参拝を阻止しようとしたのです。

その七年前の昭和五十三年に、靖国神社は、いわゆる「A級戦犯」を合祀《ごうし》しています。それが明らかになったのは、翌五十四年のことです。日本の新聞は、大報道を繰り広げましたが、中国は、なんの反応も見せませんでした。それはそうです。国のために命を落とした人間を、その国の人間がどう悼《いた》むかは、それこそ、その国の文化以外の何ものでもありませんからね。

その後も、昭和五十四年から五十九年までの六年間に総理大臣が合計一八回も靖国参拝をしているのに、中国は一度も問題にしたことがありませんでした。

それを昭和六十年に、朝日新聞が強引に問題化した。つまり、中曽根首相の「戦後政治の総決算」を阻止するという単なる国内問題を〝国際問題化〟して、政権に打撃を与えようとしたわけです。

公式参拝の当時、私は、「週刊新潮」編集部に在籍していましたが、朝日新聞の手口を見て、「へえ、ここまでやるか。ひどいものだ」と呆《あき》れ果てたことを覚えています。

朝日新聞は、参拝前に誰も問題にしていなかった靖国参拝をテーマに大々的に特集を組みました。「アジア諸国の目」と銘打って、中国、タイ、韓国、フィリピン、シンガポール、インドネシアなどが中曽根公式参拝をこれだけ問題視しているぞ、という記事を出したんです。ところが、記事を熟読してみると、どの国も問題視していない。そもそも、どこの国も「靖国問題」を知らないんです。常識、いや、人の道として、戦争で死んだその国の人間が祀《まつ》られている場所で、後世の人間が頭《こうべ》を垂れることは、あたりまえのことですからね。

それなのに、朝日新聞の中国駐在員である加藤千洋《かとうちひろ》記者だけがこんな記事を書いた。「かつて日本では愛国心が軍国主義を促進する役割を担わされたことを、中国は自らの体験として知っている。それだけに靖国問題が愛国心の要として再び登場してきたことを、中国は厳しい視線で凝視している」と。

実際は、誰も凝視していないのに、加藤記者はこれを書き、ついに提携している共産党の機関紙である人民日報に同じ内容の記事を書かせることに成功しました。私は「朝日新聞は〝禁じ手〟を使ってしまったな」と思ったものです。

なぜかというと、文化大革命のときには、北京の西単《シータン》には壁新聞が貼られていて、そこにある人民日報の記事を見て、「上」の意向を人民は推しはかったのです。私が行った八〇年代の初めには、壁自体にガラスケースが据えつけられており、新聞は、引き破られないように、その中に貼られていました。もともと中国は「壁新聞の国」です。毛沢東をはじめとする共産党トップの考えは、壁新聞で知るのが、日常だったわけです。その代表紙である共産党機関紙の人民日報に、中国政府が中曽根公式参拝を問題視していると書かせたわけです。これはメディアが「絶対にやってはいけない」禁じ手でした。

中国の〝靖国カード〟で日中関係が変貌

門田　朝日新聞は、いまの安倍政権を倒したいのと同じように、単に中曽根政権を倒したいだけで、そのために人民日報を利用したのです。結果的に、中国側は、靖国問題が日本に対する貴重な〝外交カード〟となることを知りました。日本は戦争犯罪人を讃えて、軍国主義を復活させようとしている、と批判すればいいということです。大新聞社である朝日新聞をはじめ、日本の半分以上のジャーナリズムがこぞって問題視しているのだから、これを使わない手はないわけです。

つまり、朝日新聞が持ち出した「靖国参拝問題」によって、昭和六十（一九八五）年以前の日中関係と、それ以後の日中関係はすっかり〝変貌《へんぼう》〟してしまったのです。そして、中国の対日政策が変わっていく最中に起きたのが「天安門事件（一九八九年）」です。第三章で述べたように、直後に、欧州では、東ドイツから西ドイツへ亡命者が殺到した

「ピクニック事件」をきっかけに、ベルリンの壁が崩壊、東欧のドミノ倒しで、ついにはソ連まで消滅してしまいました。

共産主義が断末魔《だんまつま》の叫びを上げているまさにそのときに、中国は凄《すさ》まじい引き締め策に出て、これに対抗しました。その一方で、九二年一月から二月の春節《しゅんせつ》をはさむ期間に、鄧小平が「南巡講話《なんじゅんこうわ》」を敢行する。深圳《しんせん》、珠海《しゅかい》、広州、上海に経済特区をつくり、あらためて改革開放政策への大号令をかけた。

天安門事件後、中国の各大学には、大きな変化が生じました。それまで二週間程度で済んでいた大学生の軍事教練が一年間に変更され、そこで民族主義を〝叩きこむ〟カリキュラムが課せられたのです。愛国教育のなかに「被害者」としての歴史を持ってきて反日教育を始め、中国は国ぐるみで日本への憎しみをつくり上げていった。しかし、それは、もとはといえば、朝日新聞が発端だったのです。

「南京大虐殺」も朝日が売り込んだ

石平　付言すると、反日教育で日本に対する憎しみを煽《あお》り立てるいちばんの材料は「南京大虐殺」でした。しかし、八〇年代までほとんどの中国人は南京大虐殺自体を知りませんでした。事実、私の子供時代、小学校、中学校まで、一切教科書に載っていません。それを中国に〝売り込んだ〟のは、またしても朝日新聞だった。本多勝一《ほんだかついち》記者が南京に行って、記事にしたのがきっかけとなったのです。

門田　本多勝一記者の『中国の旅』は、国交正常化前年の七一年に四ヵ月余りにわたって朝日新聞に連載され、翌年に単行本化されたものです。国交正常化前に、中国人が戦争中の日本軍の非人道的な残虐行為を語る方式の連載でしたから、中国の全面協力によって、でき上がったものですね。一九三七（昭和十二）年十二月十三日に、首都南京に入った日本軍のようすを本多記者は七一年十一月四日付夕刊で、中国人の証言としてこう書いています。

〈大混乱の群集や敗残兵に向かって、日本軍は機関銃、小銃、手榴弾《しゆりゆうだん》などを乱射した。飢えた軍用犬も放たれ、エサとして食うために中国人を襲った。二つの門に通ずる中山北路（現在の人民北路）と中央路（現在の大寨路）の大通りは、死体と血におおわれて地獄の道と化した〉

これは、あまりにも事実とかけ離れており、掲載直後から、当事者たちの批判がもたらされました。しかし、このありさまが、中国の「南京大虐殺三〇万人」のベースになっていきます。

南京城の城壁は、行ってみればわかりますが、とても城壁などというレベルではありません。高さ、厚さとも、けた違いです。厚さなどは、それこそ壁と言うよりトンネルですね。それぞれの門で激戦が続きましたが、私は、光華門を攻撃した第九師団の歩兵第三十六聯隊、いわゆる脇坂《わきさか》部隊（聯隊長、脇坂次郎《じろう》大佐）の支援のために、光華門を爆撃した航空兵にも取材したことがあります。六〇キロ爆弾を光華門に落としたそうですが、その程度の爆弾では、光華門は、びくともしなかったそうです。

どの門でも苦戦し、多くの犠牲者を出しながら、ついに各部隊が南京城内に突入していきます。しかし、それまで、城壁の上から機銃掃射していた国民党軍の兵たちは、軍服を脱ぎ捨て、一般の民衆のなかに逃げ込んだ。これが、その後の大きな悲劇というか、論争につながります。四日後に入城してくる司令官の松井石根《まついいわね》大将が狙撃《そげき》される危険性があるので、そこから、徹底的な〝便衣兵《べんいへい》狩り〟が始まったからです。

便衣兵というのは、軍服ではなく、民間の服を着て民間人になりすまし、敵対行為をおこなう軍人のことで、まさに軍服を脱ぎ捨て、人々のなかに入り込んだ彼らのことを意味します。この掃討戦は戦闘行為の継続にあたりますが、日本軍は、苛烈《かれつ》にこれをおこなっています。それに加え、日本軍の捕虜の扱いが問題となります。日本軍は、のちの戦陣訓の「生きて虜囚《りょしゅう》の辱めを受けず」という言葉が示すように、自分たちも捕虜になることを忌み嫌うし、つかまえた捕虜に対しても、処遇に問題がありました。簡単にいえば、捕虜の処刑です。この苛烈な便衣兵狩りが、のちに論争のもとになるわけです。

南京は、首都ですから、外国人ジャーナリストや宣教師たちもいました。民衆と彼ら外国人は、南京城内に「安全区」をつくり、そこに入って身の安全をはかります。その数は、およそ二〇万人です。私も、もとの安全区だった場所を歩いたことがありますが、安全区は、当時の総統府のあった中心部から西にいった中山路から始まっており、かなりの広さがあります。

南京安全区国際委員会のジョン・H・D・ラーベ委員長は、翌十二月十四日に日本軍に対して、安全区への攻撃をおこなわなかったことに対して感謝を述べたうえで、安全区の入口に日本軍衛兵を配備してほしいこと、また、安全地区内の民警が、ピストルを携行して警備をおこなうことを許可してほしいこと、あるいは、米の販売や無料食堂の営業の続行許可、一般市民の帰宅までの住宅保全や、トラックの通行にいたるまで、細かく要望を伝えています。

便衣兵の掃討がおこなわれている中、いまの中国政府が言うような、婦女子を含む「三〇万人の大虐殺」が決行されたかというと、その証拠はありません。それほどの大虐殺がおこなわれたなら、市内は大混乱になります。しかし、南京に入った日本の記者団も見ていないし、安全区から出て、市内を見てまわった外国人たちも目撃していません。それどころか、日本が制圧したあと、南京には、逃れていた難民たちも戻り、人口がむしろ急増しています。歴史の事実は、客観的な史料とさまざまな観点からの検証が必要ですから、この問題に対しては、ヒステリックな感情による非難が応酬されていることが、本当に残念です。

しかし、あの国交正常化を前にして、これもまた、朝日新聞によって惹起《じゃっき》された問題だったわけですから、日本人としては複雑ですよね。

南京虐殺が日本人虐殺を正当化する免罪符

石平　いまでは南京虐殺の日とされる十二月十三日は、中国にとっては、三〇万人の〝犠牲者〟に対して閲兵《えっぺい》がおこなわれるほどの国家事業、記念行事に昇格してしまいました。なぜ九〇年代になってから急に中国の反日が盛り上がってきたのか。なんてことはない、南京虐殺も靖国参拝問題も、全部日本人が火を起こしていたのです。
もはや、この問題に終わりはありません。しかも、これは中国共産党が日本に対する憎しみを煽り立てるための材料以上の問題も生んでしまった。国際的ルールあるいは普遍的価値観からすれば、日本に核兵器を撃ち込む、あるいは日本人を虐殺することは許されないのですが、中国側は「南京虐殺」をその免罪符にしかねないのです。これが日本にとって、いちばんの禍根です。そこまでの問題を、朝日新聞は引き起こしてしまったのです。

門田　靖国問題も、八〇年代まで口の端にのぼっていなかったものが、朝日新聞のために中国から問題視され、ついには外交カードにまでなってしまいました。朝日は、そのときの政権を倒したかっただけでしょうが、自らが招いた結果について、どう受け止めているのですかね。仮に損害額を計算したら、日本にとって、もう天文学的数字になっているでしょうね。本人たちは何の痛痒《つうよう》も感じていないでしょうが、これは、煽られてしまった中国人にとっても、忌まわしいことかもしれません。

石平　万が一、日本人が最悪な目に遭ったとしても、朝日新聞は絶対に反省しないでしょう。朝日の論調は、常に、日本人がそうされたのは、日本人の戦争に対する〝反省〟

が足りなかった、謝罪が足りなかったから、という一点張りの論理で逃げるからです。

とにかく台湾問題についても中国問題についても、すべての日本人が、戦後七〇年間の誤った歴史観から完全に脱出しなければ、新たな展開は望みようがありません。

「オバマ広島訪問」の〝奇跡〟を実現させたメディア関係者

門田　私は、この話をしていて、二〇一六年のオバマ大統領の広島訪問を考えてしまいます。同じメディアでも、これほど違うのか、と思いますね。というのも、あのオバマ大統領の広島訪問には、あそこまでのことをやり遂げた、メディアの人間を含む複数の「立役者」がいたからです。

逆に、なぜこれまで歴代の米国の大統領が広島を訪問することができなかったのか？

理由は簡単で、米国最大の圧力団体である「在郷軍人会」がそれを許さなかったからです。ここには、第二次世界大戦からその後の朝鮮戦争、ベトナム戦争、湾岸戦争……等々、ほとんどすべての元軍人が入っています。この団体が、米国の大統領が広島に行くこと自体が「謝罪」と受け取られかねない、と頑《かたく》なに訪問を拒んできたのです。

米国の人たちにしてみれば、太平洋戦争末期、日本本土の地上戦には無傷の二〇〇万人の日本陸軍が投入されるわけですから、仮にこれに突入したら、少なくとも、さらに数十万人単位の米国の若者たちの命が失われる可能性があったわけです。彼らから見れば、あの二発の原爆投下は、まさにそれを「防いだ」ことになるわけですから、これは〝必要な〟犠牲だったのだ、という確固たる思いがあります。

つまり、原爆投下を正当化してきたがゆえに、歴代大統領は広島訪問が叶わなかったわけです。しかし、その障壁を、ついに取り払った人たちがいたのです。それが、読売新聞の元ワシントン特派員で、のちの政治部長、このときは広島テレビの社長になっていた三山秀昭《みやまひであき》氏、そして、原爆で死んだ一一人の米兵捕虜の史実を四〇年以上にわたって調べ、それを本（『原爆で死んだ米兵秘史』光人社）として著わした森重昭さんの二人です。

三山氏らは、「犠牲となった一一人の米兵を含む全犠牲者への追悼と平和への祈りを、広島から発してください」と、キャンペーンで集まった「オバマへの手紙」とともに森さんの著書の英訳までしてホワイトハウスに持ち込んだのです。

在郷軍人会にしても、謝罪ではなく、犠牲となった米兵一一名を含む「全犠牲者」への追悼のためならば、反対する理由がないわけです。もともと、核廃絶と平和への祈りは、人類の悲願です。そこへ、広島の人々が、「謝罪ではなく、追悼を」というメッセージを発し、直接、オバマ大統領の心を揺り動かした。もともと、被爆地訪問が願いだったオバマ大統領が、訪問に向けて動き出したのは、不思議でも何でもなかったのです。

そこには、広島の人たちの平和を祈る願いとともに、〝赦《ゆる》しの心〟があったのだと思います。恨みも、悲しみも、それは人間だから、当然、あります。しかし、もっと大切なのは、ともに手を携えて平和を祈り、これを実現していこうとすることではないか。そうした気持ちで、広島の人々が呼びかけた結果、原爆を投下した国の大統領が、まさにその被爆地にやって来たわけです。私には、ついに〝奇跡〟が成し遂げられた、と思えました。

日本への核投下は北朝鮮を利用

門田　残念ながら、こういう赦しと寛容の精神の尊さを、中国共産党の人たちには理解できないでしょう。八〇年代までは南京虐殺は大きく問題となったことはなく、毛沢東も言及していませんでした。逆に毛沢東は、「日本軍のおかげで、われわれは政権が取れたのだ。日本のみなさんは私たちに謝る必要などない」と北京に来た社会党の訪問団に対して発言したことが知られています。

実際に、中国共産党は、国民党軍に追い詰められ、一九三六年十二月の西安事件がなければ消滅していたに違いありません。だから、毛沢東は正直に、日本軍に恨みなどさらさらないと言っていたのです。にもかかわらず、中国政府はこれまで示してきたように、九〇年代になると日本や日本人に対する憎悪を国民に徹底的に植え付けて、日本になら、核ミサイルを撃ち込んでも構わないという空気さえ醸成してきています。

そして、怖いのは、中国が「北朝鮮」という大きな戦略カードを抱えていることです。これは、もし、日本に対して核攻撃をおこなうときは、自分ではなく、北朝鮮が「使える」という意味でのカードです。中国としては、北朝鮮が地上から消え去ろうが、どうなろうが、なんの痛痒もありません。米国から報復の核兵器が飛んでくる可能性があるかぎり、自分は日本になかなか手が出せませんが、北朝鮮を生かさず殺さず援助し、核開発を続けさせておけば、いつかは「利用価値」も出てくるわけです。いまはそういう状況にあることを、日本人全体がもっと冷静に、リアリストとして見なければいけませんね。

石平　私の立場として言いたいのは、日本人は戦後ずっと誤ったマスコミの論調にとらわれ、いや、騙《だま》されてきました。そうした戦後七〇年にもおよぶ誤認からいい加減、脱却しなければならない。そこから脱しないかぎり、日本は永遠に中国と向き合うこともできないし、朝鮮半島と向き合うこともできないのです。

慰安婦への事実を書き激しいバッシングを受けた櫻井よしこ

門田　難しいのは、慰安婦問題にしても、甚だしい事実誤認の「壁」があることですよね。日本軍や日本の官憲が、外国人女性を組織的に強制連行して慰安婦にしたという事実はありません。強制連行とは拉致《らち》・監禁・強姦のことです。嫌がる婦女子を無理やり連れていけば「拉致」であり、慰安所に閉じ込めれば「監禁」であり、意に沿わない性交渉を強いれば「強姦」だからです。日本の兵隊が「戦地強姦罪」で罪に問われた一部の事件を出してきて、鬼の首でもとったかのように、「ほら、見ろ」と言う人がいますが、それはあくまで「戦地強姦罪」のケースであって、罪に問われる犯罪です。現に、これで処刑された者もいます。

しかし、日本は、やってもいない強制連行を歴史の事実とされ、非難を受けています。あの貧困の時代に、春を鬻《ひさ》ぐ商売につかざるをえなかった薄幸な女性たちには、本当に心から同情します。女性の人権問題として、性を売らなければならなかった女性たちがいたことに対して、大いに議論をしていかなければなりません。

しかし、慰安婦の女性たちは、兵たちの給与の十倍以上の収入を保証されて、新聞広告その他で集まったり、あるいは親に売られた人たちです。薄幸な方々であったことは確かですが、日本が国家として強制連行して来た存在だというのは、本当にひどい事実誤認です。勤労奉仕団体の「女子挺身隊《ていしんたい》」を慰安婦と間違えて、「（慰安婦が）八万人から二〇万人もいた」と虚偽を喧伝《けんでん》したのは、これまた朝日新聞でした。これを信じ込んだ韓国が、いまでは、日本公館の前に、慰安婦の少女像を設置するなど、もう、あと戻りができないほどの険悪な事態に陥っているのは、ご承知のとおりです。

慰安婦の強制連行を「事実無根」と反論した言論人は、激しいバッシングを受けてきました。とりわけ九〇年代はすごかった。櫻井《さくらい》よしこさんが、慰安婦問題の本質、すなわち強制連行はなかったことを書くと、驚くべきことに女性団体から非難の声が上がり、講演の呼びかけや広告に対して、櫻井さんの部分だけ、墨で消されるという「黒塗り事件」が起きました。その女性団体が、慰安婦問題に対して事実誤認するような人に講演はさせたくない、というのがその理由です。そういう「単純正義」というか、事実をきちんと認識できない日本人がいかに多いかということです。残念ながらこれが日本のレベルでもあるのです。

事実を事実と言える勇気が歴史を変える

石平　これから間違いなく時代が大きく変わります。必要とされるのは、われわれがバッシングを恐れずに勇気を持つ、そして真実を語ることです。そうすれば必ず共感は広がる。実際に一〇年前と比べれば、われわれの言っていることは、より多くの人々に理解されるようになったことは間違いありません。もちろん、われわれに対するバッシングは途絶えることもないですが……。

たとえば私はツイッターで毎日発信している。少なくとも二五万人くらいのフォロワーがいますが、その輪は日々、拡大していますよ。もちろん、なかには私のことをネトウヨだと攻撃する人もいますが、圧倒的に数は少ない。

今回の対談のひとつのキーワードは、ドナルド・トランプでしょう。日本の左翼の論理からすれば、トランプこそネトウヨだ（笑）。トランプはツイッターで、リベラルあるいは左翼の論理からすればとんでもない発言をしている。ところが、時代はネトウヨのトランプを米国の大統領に押し上げてしまったのだから面白い。

大統領選に勝利したトランプが台湾の蔡英文総統と電話会談をおこなったとき、先にも言いましたが、彼女のことを「プレジデント・オブ・タイワン」と呼んだことが大きな話題となりました。彼は誰でもわかるひとつの明白な事実を認めただけだった。勇気を出して、事実を事実と認めればそれは広がる。そのことをトランプは教えてくれたのです。

それが事実であれば、簡単なことなのです。「王様は、ただの裸ですよ」と叫べばそれでいい。それで多くの人が共鳴する。それで歴史は変わる。そういう意味では、私はこれからの時代は、どんどん変わっていくだろうと期待しています。

門田　台湾をひとつの国家であると秘かに思っていたトランプ大統領が動き出した。台湾には総統府があり、総統がいる。行政院院長がいて、警察も、軍も、外交部も、何もかもが揃っている。これが「国でない」はずがない。言うまでもなく、台湾には中国の行政権は及んでおらず、「ひとつの中国」と主張するのは、どうみてもおかしい。まやかし以外の何ものでもないことを、心のなかでは誰もが抱いているでしょう。

石平　だからトランプのように、「王様は裸ですよ」と言えばいい。慰安婦は別に強制連行でもなんでもない。はっきり言って、いちばん悪いのは彼女たちの親です。生活が困窮しているからといって、娘を売り飛ばしていいわけがない。彼女たちは気の毒に違いありません。しかし、彼女たちは、「性の奴隷」でも「強制連行」されたわけでもない。その区別ははっきりすべきなんですよ。

南京大虐殺についても同様です。便衣兵狩りがあったとしても、民衆に対する大虐殺はおこなわれなかった。事実は簡単明瞭《めいりょう》で、それを言う勇気があるかどうかだけが、問題なのです。幸いなことに、われわれはもう踏み出したのだから、いまさら逆戻りはできない。もうどんなことがあっても、事実を言い続ければいいのです。

門田　われわれの立場は簡単で、ファクトだけを書き、ファクトだけを言う。別にイデオロギーとか主義・主張に基づいて事実を捻《ね》じ曲げるのとは違うから、ある意味ではものすごく楽なのだと思います。

国民党支配で世界最長の戒厳令を敷かれた台湾

門田　台湾には、長きにわたった国民党支配の「白色テロ」の時代がありました。三八年間続いた世界最長の戒厳令は、一九八七年七月になって、ようやく解除されました。私は戒厳令の前も、あとも、もちろん知っていますが、初めは、怖かったですよ。暗い弾圧政権の国というイメージが、本当に強かったですね。

だから、入管のときにものすごく緊張したことを覚えています。張学良《ちょうがくりょう》関連の取材で台湾入りした私は、張学良や西安事件そのものがタブーだった台湾に、その関連資料を持っていくわけです。そういうものを持ち込むことは許されませんでしたが、それが見つかると本当に危なかったことを思い出します。八〇年代半ば、台湾のイミグレーション（入管）では、そういう史料や、あるいは、ヌード本を摘発するために、荷物を入念にチェックしていました。ヌード写真がグラビアに出ている日本の週刊誌も、持ち込みはアウトでした。私は、違う意味で、スーツケースの下のほうに隠して入れている西安事件関係、張学良関係の資料が見つかったらややこしいことになるので、いつも、緊張していました。入管では、常にドキドキしていましたよ。昔の台湾にはそういう恐いところがありましたね。

いまの人たちには想像もつかないでしょうが、かつての日本人は、「中国は大好き、中華民国（台湾）は恐い」という認識が一般的でした。中国への好感度は、それこそ九〇%もありましたよ。それが頂点に達したのは、日中国交正常化の結果、ジャイアントパンダのランランちゃんとカンカンちゃんが上野動物園に来たときです。あの愛らしい風貌《ふうぼう》もあって、日本人は全員、中国ファンになりましたね。

当時は、中国が文革で疲弊していたこともあり、石平さんが述懐したように、中国人がいちばん普遍的な正義に近づいていく時期でもあったわけです。いま思えば、中国の人たちと多くの日本人たちが、交友を結んだ良き時代でした。

ところが、前述のとおり、昭和六〇（一九八五）年の朝日新聞を中心とした靖国報道以来、中国人の対日感情も、そして、それにつれて、日本人の対中感情も、悪化の道をたどります。いまでは逆に八〇％以上の日本人が、中国を「嫌い」になってしまった。最近の若い人に、「昔は九〇％の日本人が中国のことを好きだったんだよ」と教えると、必ずといっていいほど「嘘《うそ》だ」と言われるんです。それが事実だとわかると、本当に、びっくりした顔を向けてきますね。それを思うと、そういうふうに持っていった朝日新聞をはじめとした日本のメディアには憤りしかないですね。日本では、実は、「反中派」と言われる人は少ないんですよ。あくまで「反中国共産党独裁政権」であり、それは、「反中」ではないですからね。私も、そう意味では、根っからの「親中国」だと思います。だからこそ、ここまで「反日」を煽り、そういう方向へ持っていった人々やメディアのことが腹立たしいのです。

蔣経国の傀儡からスタートした李登輝の〝静かなる革命〟

門田　九〇年代は、中国と台湾が、まったく逆の道をたどりました。八九年に「天安門事件」とベルリンの壁崩壊に続く「共産圏ドミノ倒し」を経験したあと、中国が、自由の圧殺と思想引き締め強化という道を歩んだのに対し、台湾は、本省人出身の李登輝《りとうき》総統の政権が安定し、民主、自由、人権重視の道を歩み、九六年には、国民が直接、総統を選ぶという初の総統選がおこなわれました。

台湾は、七九年十二月に起こった「美麗島事件《びれいとうじけん》」（世界人権デーの当日、台湾・高雄《たかお》市で行われた雑誌『美麗島』主催のデモが警察と衝突。主催者らが逮捕された言論弾圧事件）をはじめ、言論が長く封殺されてきました。しかし、蔣介石《しょうかいせき》の息子である蔣経国《しょうけいこく》が、晩年、「言論の自由」と「表現の自由」を進め、次に、李登輝政権が誕生した。最初、李登輝政権は傀儡《かいらい》政権でした。蔣介石夫人の宋美齢《そうびれい》は生きていたし、蔣ファミリーである蔣緯国もいた。政界には依然として俞国華《ゆこくか》、李煥《りかん》、郝柏村《かくはんそん》など、外省人の大立者が揃っていました。

しかし、そうしたなかで、李登輝氏は、〝静かなる革命〟を粛々とおこなったのです。俞国華、郝柏村、李煥ら大立者を、一人ひとり、行政院院長、つまり、首相に抜擢し、失政があるたびに一人ずつ切っていくというやり方で、気がつけば、彼らは全員失脚して、いなくなっていた。民主化はどんどん進んでいき、やがて「二二八事件」もタブーではなくなっていったのです。

この時期は、半導体産業を中心に、高付加価値を持つ精密技術を武器とする台湾企業が発展し、世界一の外貨準備高を誇るようになっていました。中国が反日で憎悪を焚《た》きつけていく時期、台湾はのびやかに発展を遂げていったのです。

台湾が終われば中国が変わるきっかけも永遠に失う

石平　日本以外、アジアのなかでは台湾はもっとも国際社会のルール、文明社会の価値観に準ずる国になっています。しかも、台湾人の気質は、日本人の気質、日本人的な心情に近い。それこそ、義を尊ぶ。そういう国こそ、われわれは大事にしなければならない。

しかし、これまでわれわれがやってきたことは逆でした。中国を国際社会の一員に引っ張り出すと言いながら、せっかく国際社会の一員になった台湾を締め出してきました。われわれはこの〝倒錯〟した歴史に終止符を打たねばならないのです。

本当に普遍的価値観、世界秩序、ルール、それをもって中国を変えていく、あるいはアジアの平和を守るつもりならば、なにをおいても、まず第一にやるべきことは、台湾を受け入れること、台湾を守ることなのです。それができて、初めて中国を変えていける。

もしも台湾が中国の強権に踏みにじられてしまい、中国に併合される結果となれば、中国の強権の論理をますます増長させることになります。その意味で、台湾問題は決して他人ごとではありません。

門田　日本人と共通する価値観を持ち、また、自由と民主を共有する台湾の人々は、義を重んじ、過去の先達《せんだつ》を重んじ、追悼する思いを忘れない人々です。台湾の人々が日本にとっていかに大事か、アジアにとっていかに大事か、世界にとっていかに大事か、そして台湾を守ることがいかに大事かを、できうるかぎり、多くの人に知ってもらわなければなりません。もはやこれは、いち台湾の問題ではないと思います。

石平　まさに同感です。われわれにとって台湾は、当然、地政学的、軍事戦略的にも重要であることは間違いないが、それ以上に、台湾と共通した価値観をわれわれが守らなければ、われわれの世界が崩壊する、ということなのです。それはすなわち、中国の論理に屈することになる。そうなると、われわれはすべてを失うだけでなく、中国が変わるきっかけを永遠に失うことになるわけです。だからこそ、台湾が「生命線」となるのでしょう。

門田　対談の冒頭からずっと俎上《そじょう》に上げてきた普遍的価値観、人類が一生懸命、多くの犠牲を費やしてたどり着いた価値観を、われわれが守ることができるかどうか。もし、われわれが台湾を守れなければ、この価値観はもう守れなくなります。

もちろん、台湾は中国にとって、軍事戦略的には絶対に獲得すべき「不沈空母」です。太平洋への不沈空母として、台湾を軍事基地化する。これは中国の覇権主義、世界戦略のなかでいちばんの要となります。つまり、台湾を中国に取られることは、台湾海峡が中国の〝内海〟になることを意味するわけで、われわれはそれを何としても、阻止しなければならないのです。

石平　台湾は生命線であると同時に、日本、米国、台湾は同じ価値観を持つ運命共同体であることを、どうかすべての日本人にわかってほしい。台湾を失ってしまう、台湾を中国に取られてしまえば、そのとき、日本はもう終わるのです。

第七章

台湾論——なぜ日本と台湾は惹かれ合うのか

東日本大震災の惨状をテレビで見て、泣いていた台湾人

門田　前章で、台湾人が過去五〇年間も統治された日本、および日本人をいかに好きか、少しだけ触れましたが、ここではそのことについてもう少し突っ込んで言及してみたいと思います。

台湾は五〇年間の日本統治の終盤には、評判が悪かった「皇民化政策」が敷かれ、台湾の人たちは戦争にも行かされました。昭和十九年に徴兵制が敷かれ、二〇万人以上の人々が、日本軍として戦ったのです。

本来ならば、日本は何とひどいことをしたのだと恨まれてもおかしくはないのに、八〇歳以上になっている「日本語世代」と言われる人たちも、日本時代を懐かしんでいます。そして、日本人が好きでたまらないと言ってくれます。

民間の個人交流が続いているとはいえ、七二年からは、日本との正式な国交も途絶している。こんな状況にもかかわらず、台湾でおこなわれるアンケートでは、いつも日本がトップです。台湾で、「あなたのもっとも好きな国はどこですか?」と聞けば、単数回答方式だと、中国や米国といった二位、三位に一〇倍もの差をつけて一位になります。

東日本大震災のときも、すごかった。東北の悲惨な有り様は、台湾でも人々をテレビに釘付《くぎづ》けにしました。巨大津波を受け、日本人が、それこそ何百、何千という単位で亡くなっていくニュース映像に、涙を流す人が続出したのです。あまりに泣き崩れるので、家族が、もうニュースを見てほしくない、と訴えるような例が続出したそうです。こういうことが、台湾で、いわば「現象」にまでなりました。同胞の日本人であっても、そこまで東日本大震災の映像を見て涙を流した人は多くない。でも、台湾は違ったんです。

日本好きで、日本を大切に思うのは、なにも年配の台湾人だけではありません。台湾の子供たちは自分の大切な貯金箱を持って、「これを日本の人たちのために使ってください」と、コンビニなどの窓口で差し出したそうです。そんな善意の積み重ねとなった台湾の義援金の総額は二〇〇億円を超え、人口が十数倍にあたる米国に匹敵するまでになったのです。台湾人は赤ちゃんもふくめ、一人当たり一〇〇〇円以上の義援金を寄せてくれたことになりますね。

当時、台湾の喫茶店などで日本語を話し、日本人であることがわかると、店のお客さんが、「日本、頑張れ」と、次々、応援してくれた話とか、ありがたいエピソードには枚挙に暇《いとま》がありません。

日本統治の五〇年間にできあがった台湾の法治社会

門田　台湾人たちがなぜ日本が好きなのかを理解するには、台湾の歴史を振り返らなければなりません。台湾人が自分たちの直接選挙で、総統を選ぶことができるようになったのは、いまから約二〇年前の一九九六年のことです。

それまでの国民党時代の総統の選出には、一般国民は関係なく、国民から見れば、「密室のなか」で選ばれていました。しかし、李登輝総統は、憲法を一部修正し、ようやく一九九六年に、初の自由選挙による台湾総統選をおこなったのです。

しかし、道のりは、平坦《へいたん》ではありませんでした。中国は、この初の台湾総統選挙を阻止しようと、脅迫の意味で、台湾海峡に向けてミサイルを発射しました（第三次台湾海峡危機）。米国の太平洋艦隊が素早くこれに反応したため、中国の人民解放軍は引き下がらざるをえませんでした。

これは、本当に一触即発で、大きな危機でしたね。それほど、選挙で国のリーダーを決めるというのは、大変なことなんです。

戦後、中国大陸では、内戦で国民党に勝利した共産党が、独裁態勢で支配を始め、同様に台湾では大陸から逃げ出した国民党が、同じく強権政治をおこなってきました。一九四七年の二二八事件で、国民党は、日本時代からの台湾のエリート層を中心に二万人以上の命を奪いました。しかも、その後、台湾では三八年間にもわたる戒厳令が敷かれ、言論、表現、思想といった、一切の自由を奪われてきたのです。それでも、台湾の人たちは、日本統治時代を忘れていませんでした。

内地人（日本人）は、とにかく口うるさい。そして、厳しい。これが日本統治時代の台湾人に定着した日本人観でした。しかし、一方で、正直だし、汚職はしないし、規律・規範・秩序を非常に重んじる。それが、日本人でした。日本統治時代の台湾社会で、際立って「法治」が進んでいたのは、そうした日本人の資質にもよるものでした。

日本は、韓国のような法律よりも感情が優先される「情治国家」でもなければ、また、大陸のような「人治国家」でもありません。「法によって治められる」国家という、進んだ国のあり方を、台湾は昔から経験してきたのです。それが、日清戦争後の日本統治の五〇年間でした。

民主を獲得したとたんに噴き出してきた日本への感情

門田　そのうえで、統治時代の台湾総督府は教育に力を入れました。日本統治以前の台湾は識字率が著しく低かった。ところが、第二次世界大戦が終わった一九四五年の段階においては九〇％の識字率を誇りました。これは当時の日本内地と同じで、当然、世界のトップクラスでした。

戦後の国民党政府の凄《すさ》まじい弾圧のなかを生き抜いてきた台湾の人たちは、日本が残してくれた秩序と法治を懐かしんでいました。生活インフラ、工業インフラ、商業インフラ、そして自国の若者たちに近代的な教育制度を授けてくれた日本人を心から愛してくれていたわけです。

国民党独裁体制の時代には一切出てきませんでしたが、一九八七年に戒厳令が解除され、蔣経国から李登輝に政権が移り、民主化が進んでいったとき、「日本がいちばん好き」という台湾の人たちの本音が一斉に出てきたことが印象的でしたね。それまでの圧政下では、語っていけないことがバーッと前面に出てきた感じでした。

日本が好きでたまらない若者たちは、やがて、「哈日族《ハーリーズ》」と呼ばれるようになります。

いまはもう、老若男女みな「日本好き」を隠そうとはしませんね。お爺《じい》ちゃんやお婆《ばあ》ちゃんに日本語を習う若者はますます増えて、年代を超えて、日本が好きになっていきました。

台湾に行ってみればすぐに実感すると思いますが、台湾の人たちは旅行客に対して、わけ隔てなく、非常に温かく迎えてくれます。これは、日本人と同じです。日本人も、基本的に根っから親切な人が多いですからね。

民主主義、あるいは、人権を獲得するために多くの犠牲を払い、そのためにその「価値」の大きさを理解している台湾の人たちは、同じアジアのなかで日本と連帯をしたいと切望しています。その思いが日本に対する好感度に繋《つな》がっているのです。

日本のシーレーンである台湾海峡、南シナ海が中国の内海になってしまえば大変なことになります。台湾の「自由」と「民主」と「人権」という普遍的価値観を、ともにどう守っていくのか、ということは大切なことだと思います。この愛すべき台湾の人たちとともに生きていき、お互い守り合おうという意識を日本人は持つべきだと思いますね。われわれが「いや、台湾はどうでもいい」という意識になったときに、一挙に中国にアジアが呑み込まれていくことになるのだと思います。

日本統治時代に「日本人」になった台湾人

石平　いまの台湾は非常に成熟した民主主義社会になっていて、民主主義という価値観と秩序のなかで生活しています。どうして台湾はそういう社会を構築することができたのかを考えると、日本の存在が見えてきます。結局、台湾を近代文明社会にしたのは日本で、台湾は、明治時代の日本と同じ歩みを進めてきたのだと思うからです。

その日本は、欧米の植民地政策とはまったく違う政策を台湾に施しました。むしろ植民地を内地化するような諸策を打ったわけです。たとえば、内地に東京帝国大学を建てたように、台湾にも台湾帝国大学を設立しました。これは搾取型である欧米の植民地政策ではありえないことです。

日本は搾取するどころか、「文明」を台湾に輸出して、台湾を文明社会につくり上げました。あるいは、武士道や明治の精神など、さまざまなことを台湾に伝えました。ある意味、台湾人は日本統治時代に「日本人になった」と言っても過言ではありません。それは同時に、近代社会を手に入れたことになるわけです。

ところが、日本の敗戦後、台湾は蔣介石の国民党政府の統治下に入った。ご承知のとおり、国民党政府は大陸で共産党に敗退して、台湾に逃げてきました。

おそらく当時の台湾人にすれば、これまで経験したことのないような野蛮な外来政権が入ってきたという状況だったでしょう。おそらく、近代文明社会からいきなり野蛮国家に逆戻りしたような気持ちだったに違いありません。この対比が、台湾人には凄まじい衝撃になったと思います。

あの二二八事件は、そんな衝撃のなかで生じたのです。日本時代をもし体験していなければ、おそらく台湾は、そのまま唯々《いい》諾々《だくだく》と国民党の統治を受けていたに違いないでしょう。だが、日本が持ち込んだ文明社会を体験していたために、規律・規範・秩序のかけらもない暴力的な圧制が受け入れられるはずがなかったのです。だから、あの悲劇的な二二八事件を生んでしまったのです。

当時の台湾人にとっては、日本統治時代がむしろ自分たちのアイデンティティとなっていたのではないでしょうか。はっきり言って、日本統治時代が始まるまで、中国から「化外《けがい》の地」と蔑《さげす》まれていたわけですからね。その頃、台湾人は、国民としての特別なアイデンティティを持ってはいなかったのですが、日本による五〇年の統治が、台湾人のアイデンティティをつくり上げたわけです。

長かった国民党の圧政の時代が終わると、台湾は自動的に民主主義の近代社会が回復したんです。同時に、かつて日本人と一緒につくり上げた台湾のアイデンティティも復活してきた。そういう意味では、台湾人のアイデンティティは、最初から日本と切っても切れない関係性があるのです。

したがって、台湾の親日とは、日本を「他者」として見る親日ではなくて、私から見れば、「自分自身」として、日本を愛しているように思えます。それは、よその国が好きといった感覚ではなく、自分自身のなかの「日本」が好きなのだと思います。

敗戦国のはずが戦勝国となった台湾人の衝撃

門田　石平さんがおっしゃるとおりだと思います。振り返ってみると、台湾の人たちは、日本が負けて、ものすごい衝撃を受けるわけです。日本軍として戦ったわけですからね。しかし、日本の敗戦が決まると、蔣介石は、「祖国の胸に帰れ」と非常に甘美な呼びかけをおこないました。そして、実際に台湾人は、戦勝国の人間となったのです。

「えっ、俺たちは日本軍として戦ったんだぞ」と、台湾の若者は唖然《あぜん》としました。嘘《うそ》だろ、と。昭和十九年からは、徴兵制も敷かれ、太平洋戦争の最前線には、台湾の若者も続々、日本軍として投入され、軍属も含めると、日本軍に参加した台湾人の総数は、二〇万人を超えました。日本軍と運命を共にして戦ってきた、その台湾青年たちがある日突然、「日本軍をやっつけた側」になってしまったのですから、驚くのは無理もありませんでした。しかし、戦後、台湾では混乱が起こることもなく、それぞれが抑制的な姿勢を貫いて、整然と「新たな支配者」の到着を待ちました。

国民党軍の悪事と組織的な強奪に失望した台湾人

門田　昭和二十（一九四五）年の双十節（十月十日・中華民国の建国記念日）、台南駅に戦勝国となった「中華民国軍」が到着、続々と兵たちが降りてきました。彼らの姿を見た台湾の人たちは、「まさか」と驚愕《きょうがく》しました。軍隊とは到底思えなかったからです。

兵隊のほとんどがワラジのようなものを履き、なかには裸足の者さえいる。ゲートルをだらしなく引きずっている者、天秤棒《てんびんぼう》を肩に担ぎ、荷物をぶら下げている者、指揮官らしき人間が、平気で手鼻をかんでいる……国民党軍とは、まるで乞食の集団ではないか。台湾じゅうで、このような光景が繰り広げられたわけです。

「ひどい奴らが来た」「こんなのは軍隊ではない」。台湾の人たちがそう思ったのも、当然かもしれません。

台湾人が知っている規律正しい軍隊、すなわち、日本軍とは、あまりにかけ離れていたからです。武器、軍服はいうにおよばず手袋、靴下と上から下まですべてが天皇陛下の御下賜品であると徹底教育されている日本の兵隊は、ボタンひとつかけ忘れても、ゲートルの端がきちんと留まっていなくても、鉄拳《てっけん》制裁が待っていました。掛け声、行進の練度にしても、目の前のだらけた乞食同然の国民党軍とは天と地ほどの差があった。

このように、台湾の人たちは、進駐してきた国民党軍の醜態に接して仰天したわけですが、驚くのはまだ早かった。彼らは、いきなり台湾人の財産を毟《むし》り取り始めたからです。

石平　国民党軍はただちに台湾総統府管轄下の糧食倉庫の接収を開始しました。まず米、塩、砂糖など大量の統制品や食糧をぶんどると、今度は兵器や金属資源などを接収し、それらを台湾海峡を渡って福建まで運んで売りさばいて、その金を懐に収めたのです。彼らはまだ使える飛行機さえ分解し、鉄くずとして金に換えました。そのとき荷物を運んだジャンク船の行列が台湾海峡で連なり、まるで、蟻《あり》が食べ物を運ぶようだったと伝えられています。

本来ならそれらの物資の輸出先は内地、すなわち日本だった。けれども、米国の潜水艦の攻撃のために、戦争末期、日本への輸送は途絶えていました。そのため、台湾の倉庫のなかには、日本に送れないまま残っていた物資でいっぱいだったわけです。それが戦後、国民党軍がやって来たら、あっという間になくなってしまったのです。

そのうえ、日本人が内地に引き揚げると、日本人が就いていた主要なポストを、教育水準の低い外省人（中国人）がすべて占領していきました。台湾人のエリートが就くべきポストを、上海から来た靴職人が取ってしまうといった具合です。台湾に流入する中国人の数はどんどん増えて、優先的に職に就き、台湾人の仕事を奪っていったのです。

台湾の人たちの悲惨な日々はまだまだ続きます。国民党軍が台湾のありとあらゆる物資を強奪して、大陸に持ち出してしまったことで、台湾内は猛烈なインフレに襲われたのです。追い打ちをかけるように、国民党は通貨の切り替えを断行しました。それは古い台湾貨幣四万円に対して、新貨幣一円という滅茶苦茶なものでした。

「私の身体の中には大和魂の血が流れている！」

門田　乗り込んできた国民党軍がこれだけ理不尽なことをおこなえば、何かのきっかけで、暴動が起きてもおかしくありませんでした。そして、二二八事件が勃発《ぼっぱつ》するのです。きっかけは、やはり、些細《ささい》なことでした。台北で、一九四七年二月二十七日、闇《やみ》たばこ売りの母子が、それを咎《とが》められて警官に殴打された。それに民衆が抗議したことが始まりです。

夜になって、警察の前に集まってきた民衆に、警官が発砲して民衆の中に死者が出てしまう。こうなると、もう収まりません。翌二十八日、たばこの専売局に民衆が押しかけ、また別の民衆は、台湾の行政長官公舎に押しかけると、これに警備側が機銃掃射をおこない、多数の死者が出るのです。台北放送局に民衆が乗り込み、全島に向かって「蜂起《ほうき》」が呼びかけられるのです。そして、台中、嘉義《かぎ》、台南、高雄……と、民衆蜂起が広がっていきました。

私は、日台同時発売となった『汝、ふたつの故国に殉ず』（KADOKAWA）で台南市の二二八事件を描きましたが、これは国民党による民衆鎮圧を口実にした台湾人虐殺事件です。全島で国民党軍による無惨な殺戮《さつりく》がくり広げられたのです。

主人公の坂井徳章《さかいとくしょう》弁護士（台湾名：湯徳章《とうとくしょう》）は、日本人の父と台湾人の母を持つ人で、台南が暴動になるのを抑え、さらに、国民党に弾圧の口実を与えないために、蜂起した学生たちを説得して武器を回収するなど、奔走しました。しかし、坂井弁護士が日本人であったことから、日本人を事件の首謀者に仕立て上げたい国民党政府に逮捕され、苛《か》烈《れつ》な取り調べを受けることになりました。「おまえは武器を回収したのだから、学生のリーダーの名前を知っているはずだ。おまえに武器を引き渡したのは誰なんだ！」。天井からつるされ、銃床で殴打されるという激しい拷問で、徳章のあばら骨はほとんど折られてしまいます。

しかし、どんな拷問を受けようが、坂井弁護士は、口を割りませんでした。自分が名前を明かせば、彼らが確実に殺されることがわかっているからです。坂井弁護士は一人で、学生たちの命を背負うことを決め、最後まで誰の名前も言わなかった。自分の命を犠牲にして台湾の宝、つまり学生たちを守ったわけです。

罪を着せられ、銃殺されるとき、坂井弁護士は「私を（木に）縛る必要はない、目隠しも必要ない！　なぜなら、私の身体の中には大和魂の血が流れているからだ！」と台湾語で叫び、最期は日本語で「台湾人、万歳！」と叫びました。

この坂井弁護士の壮絶な姿を、台湾の人たちは語り継ぎました。そして、処刑場となった公園は、実に事件から五〇年が過ぎてから「湯徳章紀念公園」と改名されました。

また、二〇一四年には彼の命日が「正義と勇気の日」に制定されたのです。

私は台湾の人々が坂井弁護士のことを決して忘れなかったことにこそ、価値があると思っています。だからこそ、台湾の人々が、今も毅然《きぜん》と生きた日本人のことを忘れず、日本のことを「いちばん好きな国」と言ってくれることに、感動しますね。

戦後日本で忘れられた「義」を引き継ぐ台湾

石平　日本人は台湾にふたつの遺産を残しました。ひとつは、近代社会の精神的基盤。もうひとつは、大和魂と明治の精神です。敗戦後の日本で忘れられてきたもの、忘れさせられてきたものが、むしろ台湾で綿々と語り継がれている事実に、日本人は目を向けなくてはなりません。先刻も言及したように、この大和魂と明治の精神が、おそらくいまの台湾の人々の日本好きの背後にあるのです。
端的に言えば、中国はどうしても、民主主義国家にはならない。けれども、台湾は紆《う》余《よ》曲折の末に、民主主義国家となった。しかし、考えてみれば、それは別に蔣経国が偉かったわけではありません。そもそも台湾人には、日本の統治時代に、近代民主主義社会の精神的基盤ができていたからです。だから、李登輝時代に台湾人はすんなりと民主主義を受け入れることができたし、速やかに民主主義社会を築けたのでしょう。

日本あっての台湾、あるいは逆に日本にとっても、台湾なくして日本は存立しない、といっていい。戦略的だけでなく精神的な意味においても、日本と台湾はまさに精神共同体であり、運命共同体なのです。できれば、私は日本と台湾が同盟国になればいいと思っています。

日本にとっても、台湾にとっても、中国共産党に併合されないことが最大のプライオリティだからです。

日中国交正常化で裏切った日本、台湾関係法で道義を果たした米国

門田　まったく同感です。だからこそ私は、第五章で話したように、なぜ、日本人は日中国交正常化のときに、台湾に対して、あのような仕打ちをしたのか——と、日華断交に対する日本側の罪の大きさと禍根が湧《わ》き起こってくるわけです。
中国との国交正常化には、中国大陸を戦場としてしまった深い反省、贖罪《しょくざい》の気持ちがあったことはわかります。日本人は戦後、ずっとそれを引きずってきましたからね。だが、その思いが強すぎて、日本は道理を重んじる気持ちまで失ってしまったのかもしれ

ません。一九七二年九月二十九日の署名に至るまで、「とにかく日中国交正常化を」と前のめりになってしまい、人間として当たり前の義の精神、日本人のいちばん大切にしなければならない道理まで無視して、結果的に台湾に対して、うしろ足で砂をかけてしまったのです。

日中国交正常化はいいとしても、中国との交渉のせめぎ合いのなかで、「一つの中国」について、「いまはそれを決めずに、今後、互いに知恵を出し合っていき、賢明な次の世代で決めてはどうか」となぜ示せなかったのかと思うわけです。

かの鄧小平が尖閣諸島の扱いについて、棚上げに言及したように、日本政府は中国側に打ち返せばよかったのです。けれども、実際には知恵を出し合うどころか、「はいはい。台湾は中国のものです」と、台湾にとってみれば「冗談じゃないよ」ということを日本は拙速に認めてしまった。

その点から見れば、対照的に、「台湾関係法」をつくった米国の毅然とした態度が浮き彫りとなってきますね。台湾関係法とは、ジミー・カーター大統領時代の一九七九年に米・中が国交を樹立したとき、米国が中華民国（台湾）に関する基本政策を定めたものです。内容は、それ以前の関係をそのまま維持することを定めた上で、米国が「台湾住民の安全、社会や経済の制度を脅かすいかなる武力行使、または他の強制的な方式にも対抗しうる防衛力を維持し、適切な行動を取らなければならない」と規定しています。

つまり、米国と台湾との事実上の軍事同盟です。米国は中国と国交を樹立はしたが、これまでどおり、台湾との関係を維持し、いかなる武力行使に対しても、敢然と戦うことを法律で定めたわけです。簡単にいえば、中国に対して「台湾に手を出すことは、絶対に許さないぞ」と宣言したものですね。

このどこがいちばん凄いのかというと、これが「中華民国関係法」ではなくて、「台湾関係法」であることです。「中華民国を守る」という関係法とは違うからです。中国から「一つの中国だ」と言われても、「いや、これは台湾を守るものだ」という内容の条文になっています。

この当時は、まだ「台湾」と言ったら、「いや中華民国だ」と蔣経国総統に怒られる時代でした。そんな時期でも、米国はきちんと台湾関係法をつくって、「しっかりと守る。関係を維持する」と明文化して、中国にプレッシャーを与えました。なにより、米国は日本と違い、「道義を守った」わけです。

同じ日本人として、中国との軋轢《あつれき》を避け、せめぎ合いの交渉をせずに、ただ、断交だけをおこなった田中角栄をはじめとする日本側に対して、その後の情けない対中姿勢とともに、私は日本人として恥ずかしい、と言いたくなりますね。

日米共同で電撃的に台湾を国家として承認せよ

石平　米中関係にせよ日中関係にせよ、問題の根本は、この数十年間、中国に押し付けられた「一つの中国」という嘘を土台に、成立させてきたことにあるでしょう。要するに、台湾がれっきとした国家であるのに、それを国家として認めてこなかったことにあります。

門田さんが再三、指摘してきたように、日中国交正常化という原点から、日本は間違っていた。これを、正さなければならないときを迎えているわけです。

今後、台湾問題については、日本が単独で突っ込めるわけではないし、米国単独で進めても、やはり、けっこうリスクが大きい。そこで提案したいのは、日米共同で台湾問題に関する新しい枠組み、台湾を国家として承認するという荒業に出たらどうか、ということです。その際は、日米共同で、しかも電撃的な形で発表しなければなりません。

もちろん、中国とも関係を持ちながら、台湾を国家として受け入れるわけです。日本には台湾に対して、いまに至るまでの外交政策の誤り、道義的責任もある。のみならず、今後、日本とアメリカがアジアの平和を守っていくためには、台湾を死守する以外、道はないのです。高度に戦略的な判断が必要ですが、中国の嘘によって消された「台湾」という現実を、現実として受け入れなければならないのです。

門田さんではないですが、総統府があり、ザ・プレジデント・オブ・タイワンがいて、警察・軍・外交官がいる台湾は、どこから見ても、中国の施政は及んでいない、れっきとした国家です。

これを一つの国家として認めないのは、欺瞞《ぎまん》にほかなりません。たとえば、東京にある文化経済交流代表処は、どう見たって、台湾大使館です。もう、いい加減、そういう「欺瞞ごっこ」はやめようということです。

立ちはだかる中国との軍事衝突は避けられない

門田　石平さんの大胆な提案が実現すれば素晴らしいですが、現実的にはきわめて難しいでしょうね。手続き上、あらゆる障害と困難が立ちはだかってきます。そもそも、日本の場合はプレジデント制と違い、議院内閣制で、すべて国会の承認のもとにそれらはおこなわなければならないですから、手続きを間違えると、内閣など一発で吹っ飛んでしまいます。

しかし、仮に、それらをすべて跳ねのけて、ある日、突然、米国国務省と日本政府が一斉に、「台湾を国家として認める」と宣言したらどうなるのか。

まず、中国が台湾に向けて、いきなり弾道ミサイルを飛ばしてくる可能性がありますね。中国は一九九二年に「領海法」を定めて、勝手に東シナ海や南シナ海に線を引き、尖閣諸島をはじめ、多くの島を自分の国の領土と決めています。また、二〇〇五年には、台湾が「独立」の動きを見せた場合、「非平和的手段」によって、台湾独立分子を排除することを宣言しています。

あくまで日米が台湾を独立国家として認めるだけで、台湾が自ら独立を宣言したわけではない、ということを中国に示すことが重要ですが、それでもなお、台湾側の策動分子により日米がこうした暴挙に出たと中国が勝手に解釈して、「非平和的手段」が行使されるでしょう。すなわち、戦争の勃発です。

米国が台湾海峡にニミッツ、もしくはインディペンデントを旗艦とする太平洋艦隊を事前に派遣しておき、台湾を独立国家として承認する宣言をおこなっても、軍事衝突は避けられないでしょう。

とにかく、日本は台湾に対して大きな迷惑をかけてきました。けれども、お互いがお互いを助け合ってきた五〇年の歴史を持っていること、そして、自由と民主、人権に対する共通の価値観を持っていることはきわめて重要なことです。

民進党の蔡英文新総統は、以前の陳水扁《ちんすいへん》のときとは違って、立法院の選挙も同時に勝っているので、いわゆる〝ねじれ〟がないのも有利です。真の意味で政権運営ができる、民進党の本省人初の本格政権ができたわけですからね。

総統選勝利が確定したとき、蔡英文は、「私たちは、世界に台湾の自由と民主を示しました！」と叫びました。私のまわりにいた台湾人たちは、その姿を涙ぐみながら見て、拍手をしていました。私も、「ああ台湾は、ついに真の意味での自由と民主にたどり着いたのだ」という感慨に浸ってしまいました。

その自由と民主が、中国によって、踏みにじられるようなことがあってはならないですよね。これは日米のみならず、世界中の民主国家の使命であり、われわれはこれから台湾とより連帯を強化していかねばならない所以《ゆえん》でもあります。

日・米・台の連携が中国共産党に苦しむアジアと中国人民を救う

石平　日本は、アジアで最初にして最も成功した民主主義国家です。近代文明国家として、自覚と使命感もあってしかるべきだと思います。日米同盟を基軸にして、アジア全体を普遍的な国際社会に導いていく。中国が覇権主義的になればなるほど、日本の存在意義がアジア諸国から求められるのです。

門田　日本への期待は、本当に大きい。中国と韓国以外のアジア各国から寄せられる日本への期待の声は、日本人が思っているものよりもはるかに大きいのです。日本に期待するのは、日本の「自由」と「民主主義」の力です。その歴史的な使命を日本人自身ひとりひとりが自覚しなければなりません。石平さんがいみじくもおっしゃったように、アジアで初めて民主主義国家として成立した、その歴史的意義を日本人自身が自覚しなければならないですね。日本と米国と台湾の連携が、結果的に、共産党独裁政権の圧政に苦しむ中国人民を救い出すことに繋がれば、これ以上、素晴らしいことはありませんよね。

逆に、この連携が中国に押しつぶされた時は、アジアのみならず、世界が地獄を見ることになります。それをさせないために、私たち日本人も、真の人権と自由を守ることの重要性について、あらためて高い意識を持たなければなりませんね。

対談を終えて

凄みのある「血肉の評論」

名ボクサーの条件とは、相手に「打たさない」ことにあり、同時に自身のハードパンチを的確に相手の急所に「叩き込む」ことにある。石平さんとの対談の間、私は知らず知らずのうちに難攻不落の名チャンピオンに挑む挑戦者のような気分になっていた。

しかし、このチャンピオンは、こちらのパンチをよけるのではなく、しっかりと受け止めた上で、あらためて真正面から、ドーンというハードパンチを叩き込んでくるのである。それは、明らかにレベルの違う技術とパンチを持った名ボクサーだった。

なんとか最終ゴングにたどり着いた時、私は「あっ」と思った。それは、この試合が圧倒的に有利なホームタウンでのものだった、ということだ。ホームとアウェイ――私は、石平さんの母国語ではない「日本語」というリングの上でグローブを交えていたことに、初めて気づいたのである。そんな不利な条件のもとで、石平さんから繰り出された凄みのあるパンチの数々をどう表現したらいいだろうか。目の前で展開される論理と、新たに紹介される新事実の多彩さは、四〇年近く中国・台湾問題にかかわってきた私に、新たな刺激を「これでもか」と与えてくれた。

もとより、複雑、かつ奥深い中国問題について、石平さん以上に血肉のレベルから知り尽くしている研究者は日本に存在しない。それも当然だろう。四川省に生まれ、中国の最高学府・北京大学で学んだ石平さんは、四十五歳までは中国人だったのだ。その意味で、石平さんは、私たちに中国に関して〝血肉の評論〟を示してくれる稀有な学者なのである。石平さんの凄みのあるパンチの秘密は、そこにある。私たちがそんな最高レベルの評論に触れることができる意味は、とてつもなく大きい。対談を終えて、私はそのことをあらためて実感した。

さまざまなことを話し合い、議論が平行線のまま終わったものもあったが、二人の意見が完全に一致したものがあった。それは、「今がラストチャンスだ」ということである。その意味は、本書を読み終えた読者の皆さんにはわかっていただけると思う。誰とて「地獄」など見たくはない。では、私たちは今、どう考え、どう行動すればいいのだろうか。本書をきっかけに、そんなことを考えてもらえるなら、本書が世に出た意味もあったのではないかと思う。

門田隆将

対談を終えて

現代のソクラテス

友人の門田隆将さんとの対談は、実に知的刺激に富んだ充実したものであった。

特に印象的だったのは、質問の鋭さと、話の巧みな引き出し方である。門田さんは、これまで何度も酒を酌み交わした相手だから、私はつい油断して雑談の延長線のつもりで対談に臨んだが、対談冒頭いきなり、門田さんからの容赦ない質問責めに晒されることとなって、まさにタジタジの状態であった。

しかし、門田さんからの鋭い質問にムキになって答えているうちに、ある奇妙なことに気がついた。今まで、自分の頭の中で漠然と考えていたものの多くが、突如、明晰な輪郭を持つ一つの思想として浮かび上がってきたのだ。そして、それが期せずして自分自身の言葉になっていったのである。

つまり門田さんは、あらかじめいろんなシナリオを考え抜いたうえで、ベテラン記者として持ち前の的確な質問により、私の思考を導き、私自身に私の思想を発見させたのである。

ここで一番大事なのは、門田さんによって引き出された「私の思想」はじつは、門田さん自身が最初から期待していたものであり、私はただ、門田さんが事前に設定していた到達点に首尾よくたどり着いたにすぎないわけだ。

古代ギリシャにはソクラテスという偉大なる哲学者がいて、自身の哲学を「産婆術」と呼んだ。彼は毎日、街角で人をつかまえては、自分が無知であるかのように装って相手に「意地悪な」質問をぶつけ、その出した答えにさらに質問を浴びせることによって、当人が内なる知を生み出せるように、いわば思想の「助産」という役割を繰り返した。

これにより、ソクラテスは、ギリシャ哲学、すなわち西洋哲学の先駆者として歴史に名を残したが、門田さんとの対談が終わった時、目の前にいるこの「酒友」が、いつのまにか、ソクラテスのように見えていた。

門田さんがリードした対話の成果が本書である。読み終えた読者の皆さまにも、やはり、門田隆将という人間が「ソクラテス」のように見えたのではないだろうか。

石　平

中国・台湾近現代史年表

年	台湾関連	日本・中国・米国関連
1839		**アヘン戦争**（〜42）
1856		第二次アヘン戦争（〜60）
1871		日清修好条規締結
1874	日本軍が台湾の牡丹社を征伐する	
1875	清が台湾渡航禁止令を解除する	樺太・千島交換条約
1884	清仏戦争。フランス艦隊が基隆を占領し、台湾を封鎖する	
1885	清が台湾巡撫を置く	福沢諭吉「脱亜論」を発表
1894		**日清戦争**（〜95）
1895	**清が台湾を日本に割譲する（下関条約）**。日本が台湾総督府を置く。東アジアで最初の共和国、台湾民主国が出現するが、148日で消滅	
1911	**辛亥革命**。孫文が臨時大総統に	辛亥革命の幕開けとなる武昌起義が起こる
1912		中華民国臨時政府設立。袁世凱が臨時大総統に
1915		日本が袁世凱に対華二十一カ条要求
1920		**中国共産党創立**
1924	第一次国共合作	排日移民法が米国連邦議会で成立
1925	孫文死去	日ソ基本条約締結

1926	**蒋介石が北伐を開始**	日本統治時代の朝鮮で6・10万歳運動
1929	蒋経国が他の中国人留学生とともにシベリアに放逐される（～37）	世界恐慌
1936	**西安事件**が起こり、国共内戦が停止され抗日統一戦線が結成される	毛沢東が中央革命軍事委員会主席に
1937	**第二次国共合作**	**7月7日、盧溝橋事件**。7月29日、通州で日本人居留民260人が中国軍に惨殺される（**通州事件**）。8月、シナ事変。
1941		**大東亜戦争**（～45）
1945	安藤利吉台湾総督が台北で国民党の陳儀に降伏（台湾の行政権を中国軍が接収）。12月以降、米マーシャル元帥が国共合作の調停（～46）	**日本敗戦**
1946	中華民国憲法が南京でつくられる	日本国憲法公布（1947年5月施行）
1947	**二二八事件**が起き、2～3万の犠牲者。坂井徳章（湯徳章）処刑される。以後**戒厳令が敷かれる**	
1948	蒋介石が中華民国の総統に	3月、林彪の東北野戦軍、「四平街の戦い」で勝利
1949	**中国大陸で共産党が勝利**し（中華人民共和国の建国）国民党が台湾に亡命。金門島の戦いには、元日本陸軍中将の根本博が大きくかかわる	
1950	**朝鮮戦争**。アメリカの第7艦隊が台湾海峡に出動	人民解放軍の**チベット侵攻**
1951	サンフランシスコ平和条約により日本が台湾を放棄する	
1954	蒋介石が中華民国総統に再選し、陳誠が副総統となる	中華人民共和国憲法公布

1958	金門の戦（中華民国では「八二三砲戦」）が起こり、人民解放軍が金門島に砲撃する	大躍進運動が始まる（〜60）。人民公社化が進む
1960	ジャーナリストの雷震が逮捕される（雷震事件）	安保反対闘争起こる。（新）日米安全保障条約発効
1965	蔣経国が国防部長となる。陳誠死去	中国、ソ連式の軍の階級制度廃止
1970	台湾大学教授、彭明敏が台湾を脱出してスウェーデンに亡命。訪米中の蔣経国が台湾独立派の青年に狙撃される（未遂）	中国カナダと国交樹立。毛沢東がエドガー・スノーと会見し、ニクソン訪中を歓迎すると言明
1971	**アルバニア決議可決。中華民国、国連を脱退**	毛沢東思想に代わりマルクス、エンゲルス、レーニン、スターリンの著作の研究が推奨され始める。林彪事件
1972	**ニクソン訪中。日本が中華人民共和国と国交を樹立し、中華民国と断交する**	沖縄返還
1974	日中航空協定調印を受け、日本航空と台湾の中華航空が両国間の就航を停止	鄧小平が中央政治局員および中央軍事委員会のメンバーに
1975	**蔣介石死去。**副総統の厳家淦が総統へ	鄧小平が党中央副主席・政治局常務委員に
1976		**〝革命の元勲〟周恩来、朱徳、毛沢東が相次いで死去**
1978	蔣経国が総統となる。李登輝が台北市長となる。日中平和友好条約の調印。米中国交樹立の発表	鄧小平訪日、天皇・皇后両陛下に謁見
1979	**アメリカが中華民国と断交する。**北京で「台湾同胞に告げる書」発表。**台湾関係法成立。**台湾人の民主運動家、余登発が逮捕される。『美麗島』高雄事件起こる	鄧小平公式に訪米。中越戦争
1981	李登輝が台湾省政府主席となる	レーガンが米国大統領に就任
1982	レーガン大統領が米国から台湾への武器売却の再開を決断	

1983	蒋経国の権力を脅かしていた王昇が失脚する	胡耀邦訪日、天皇陛下に謁見
1984	李登輝が副総統となる。『蒋経国』を書いた江南（劉宜良）暗殺事件起こる	江沢民が党中央委員会総書記に就任
1986	台湾で最初の野党、民主進歩党（民進党）が結成される	日本の国鉄分割民営化
1987	38年間続いた**戒厳令が解除**される。親族訪問のための大陸旅行が許可される	
1988	**蒋経国死去。李登輝が本省人として初の総統となる**	
1989		**6月4日、天安門事件**（第二次）
1990	李登輝が総統に再選される。郝柏村が行政院長となる。国是会議が開催される	
1995	江沢民共産党総書記が「江八点」を提案。李登輝総統が二二八事件を公式謝罪。李登輝総統が「李六条」を提案。李登輝総統がアメリカを私的訪問	阪神・淡路大震災。地下鉄サリン事件
1996	**台湾海峡危機。初の総統直接選挙で李登輝が再選**	
1997		2月に鄧小平死去。7月1日に香港返還
1998	湯徳章の処刑場となった公園が「湯徳章記念公園」となる	朱鎔基が国務院総理に就任
1999	李登輝総統が中国と台湾を「特殊な国と国の関係」と定義	在セルビア・モンテネグロ大使館がアメリカ軍から誤爆され、中国で反米デモが発生
2000	中国が台湾白書を発表。**総統に民進党の陳水扁が選出**、国民党が初めて野党へ	
2002	WTO加盟。陳水扁総統が「一辺一国」発言。のち軌道修正の発言	胡錦濤が中国共産党総書記に就任

２００３	李登輝前総統、台湾独立派「台湾正名運動連盟」の会合で「台湾を国名に」と発言。陳水扁総統が民進党結党17周年記念式典で「２００６年に新憲法制定」を掲げる	胡錦濤が国家主席、温家宝が国務院総理に。広東、香港、北京などでＳＡＲＳが発生
２００４	二二八事件57周年記念行事で李登輝前総統の呼びかけで独立派が中国のミサイル配備に「人間の鎖」をつくって抗議。陳水扁が総統選前日に銃撃され負傷するものの再選。チャドとの共同声明の際に「中華民国（台湾）」という表記を初めて使用	胡錦濤が中央軍事委員会主席に
２００５	連戦国民党主席が中国を訪問し、胡錦濤共産党総書記と１９４５年以来の国共首脳会談	**反国家分裂法成立。**日本の国連安保理常任理事国入り反対など、中国各地で反日デモが発生
２００６	陳水扁総統、「台湾」名義での国連加盟を強調（２００７年８月申請、却下）	台風の影響により中国南部で大水害。四川、重慶などで記録的な旱魃
２００７	呉伯雄が国民党主席に就任	
２００８	**馬英九が総統に就任し、国民党が政権を奪還**	四川大地震。北京オリンピック開催
２０１２	蔡英文が総統選で馬英九に挑むも敗れる	習近平が中国共産党総書記、中央軍事委員会主席に。第二次安倍政権発足
２０１４	中台接近に〝ひまわり学生運動〟が起こる。台南市の頼清徳市長が湯徳章の命日となる3月13日を「正義と勇気の記念日」に設定	香港特別行政区政府に抗議をする〝アンブレラ革命〟が起こる
２０１５	馬英九総統と習近平国家主席による国共内戦以来初となる「中台トップ会談」が実現	中国株大暴落
２０１６	**蔡英文が総統に就任し、民進党が40議席から68議席へ大躍進し、政権を奪還**	英国のＥＵ離脱。**トランプ米大統領選勝利**

［著者略歴］

門田 隆将（かどた・りゅうしょう）
1958年、高知県生まれ。中央大学法学部卒。ノンフィクション作家として、政治、経済、司法、事件、歴史、スポーツなど幅広い分野で活躍。『この命、義に捧ぐ―台湾を救った陸軍中将根本博の奇跡』（角川文庫）で第19回山本七平賞受賞。主な著書に、『なぜ君は絶望と闘えたのか―本村洋の3300日』（新潮文庫）、『太平洋戦争 最後の証言』（第一部～第三部・角川文庫）、『死の淵を見た男―吉田昌郎と福島第一原発の五〇〇日』（PHP研究所）、『記者たちは海に向かった―津波と放射能と福島民友新聞』『慟哭の海峡』（KADOKAWA）など多数。最新刊は日本と台湾で同時刊行となった『汝、ふたつの故国に殉ず―台湾で「英雄」となったある日本人の物語』（KADOKAWA）がある。

石平（せき・へい）
拓殖大学客員教授。1962年、中国四川省成都市生まれ。80年、北京大学哲学部に入学後、中国民主化運動に傾倒。84年、同大学を卒業後、四川大学講師を経て、88年に来日。95年、神戸大学大学院文化学研究科博士課程を修了し、民間研究機関に勤務。2002年より執筆活動に入り、07年に日本国籍を取得。14年『なぜ中国から離れると日本はうまくいくのか』（PHP新書）で第23回山本七平賞を受賞。主な著書に『狂気の沙汰の習近平体制 黒い報告書』『世界征服を夢見る嫌われ者国家 中国の狂気』（ビジネス社）、『私はなぜ「中国」を捨てたのか』（ワック）など多数。共著に『「カエルの楽園」が地獄と化す日』（飛鳥新社）、『「トランプ大統領」から始まる中国大乱』（徳間書店）など。

編集協力：加藤鉱

世界が地獄を見る時

2017年3月1日　　第1刷発行

著　者　門田隆将　石平
発行者　唐津　隆
発行所　株式会社ビジネス社
〒162-0805　東京都新宿区矢来町114番地 神楽坂高橋ビル5階
電話　03(5227)1602　FAX　03(5227)1603
URL　http://www.business-sha.co.jp

〈カバーデザイン〉大谷昌稔
〈本文組版〉茂呂田剛（エムアンドケイ）
〈印刷・製本〉半七写真印刷工業株式会社
〈編集担当〉佐藤春生　〈営業担当〉山口健志

ISBN978-4-8284-1940-4

ビジネス社の本

狂気の沙汰の習近平体制
黒い報告書

石平……著

定価　本体1000円＋税
ISBN978-4-8284-1917-6

なぜ習近平はあと1年もたないのか？

習近平が最高指導者の地位に就いてから以前の中国とは大きく変わった。世界に対し横暴・横柄な態度をとり、アメリカとも一触即発の状態。一方、国内に目を向ければ、高官の愛人問題で民衆は我慢の限界に達している。外にも内にも敵を作り続ける習近平体制の実情を徹底解説。

本書の内容

第1章　反腐敗運動の実相
第2章　求心力なき習近平政権
第3章　ひとりよがりに終わった米国との新型大国関係
第4章　外交で連敗する失意の習近平指導部
第5章　ご都合主義経済の終焉
第6章　果てしなき権力闘争